1870. 10 Février

CATALOGUE

DE

BEAUX LIVRES

RELIÉS EN MAROQUIN PAR BAUZONNET, NIEDRÉE, CAPÉ, DURU, DAVID, ETC.

COMPOSANT LE CABINET DE M***

DONT LA VENTE

Aura lieu le jeudi 10 février 1870, et les deux jours suivants

Hôtel des commissaires-priseurs, rue Drouot
Salle n° 5

A deux heures très-précises

Par le ministère de Me Charles **PILLET**, commissaire-priseur,
Rue de la Grange-Batelière, 10.

Exposition publique Mercredi 9 février 1870

PARIS
ADOLPHE LABITTE, LIBRAIRE
4, RUE DE LILLE, 4

1870

A LA MÊME LIBRAIRIE

EN DISTRIBUTION

CATALOGUE DES LIVRES

DE LA LIBRAIRIE

DE M. L. POTIER

Libraire de la Bibliothèque impériale

Ire PARTIE.

La vente aura lieu le lundi 21 février 1870.

EN PRÉPARATION

CATALOGUE DES LIVRES

COMPOSANT LA BIBLIOTHÈQUE

DE FEU M. LE ROUX DE LINCY

Paris. — Typographie Adolphe Lainé, rue des Saints-Pères, 19.

CATALOGUE

DE

BEAUX LIVRES

RELIÉS EN MAROQUIN PAR BAUZONNET, NIEDRÉE,
CAPÉ, DURU, DAVID, ETC.

COMPOSANT LE CABINET DE M***.

Paris. — Imprimerie de Adolphe Lainé, rue des Saints-Pères, 19.

CATALOGUE

DE

BEAUX LIVRES

RELIÉS EN MAROQUIN PAR BAUZONNET, NIEDRÉE,
CAPÉ, DURU, DAVID, ETC.

COMPOSANT LE CABINET DE M***

DONT LA VENTE

Aura lieu le jeudi 10 février 1870, et les deux jours suivants

Hôtel des commissaires-priseurs, rue Drouot
Salle n° 5

A deux heures très-précises

Par le ministère de Me Charles **PILLET**, commissaire-priseur,
Rue de la Grange-Batelière, 10.

Exposition publique Mercredi 9 février 1870

PARIS
ADOLPHE LABITTE, LIBRAIRE
4, RUE DE LILLE, 4

1870

Il est inutile d'insister sur le choix et la condition des livres qui composent le cabinet de M***. Il a été formé des chefs-d'œuvre de notre littérature, en grand papier, quelques-uns imprimés sur vélin ou sur papier de Chine, revêtus de très-belles reliures, parmi lesquels figurent en première ligne : la Bible, avec les dessins de Gust. Doré, exemplaire sur chine, relié en maroquin. — Le Montaigne, Elzevir, avec une riche reliure de Capé, entièrement dorée. — Les Arts somptuaires en maroquin. — Les Baisers et les Fables de Dorat en papier de Hollande. — Les Métamorphoses d'Ovide, 4 vol. in-4° avec les figures d'Eisen et Gravelot. — Rabelais, 3 vol. in-4°. — Les Romans de Voltaire, 3 vol. in-8° en maroquin. — Collections des Joyeusetez. — Collections de Crapelet, de Jannet. — Commines, elz. richement relié. —Tableaux de la Révolution française,

3 vol. in-fol. — Collection des Économistes. — Contes de la Fontaine. *Didot*, 1795 *sur vélin*. — Hommes illustres de Perrault, grand papier, portraits d'Edelinck, exemplaire relié en maroquin.

Cette courte nomenclature suffira pour donner aux amateurs une idée des beaux livres dont se compose la bibliothèque dont nous publions le Catalogue.

ORDRE DES VACATIONS.

Mercredi 9 février 1870 Exposition publique.

PREMIÈRE VACATION. — *Jeudi* 10 *février* 1870.

Supplément.. Nos	362	à	412
Histoire de France..	285	à	334
Linguistique. Poëtes français...........................	82	à	102
Voyages. Histoire de France...........................	261	à	284

DEUXIÈME VACATION. — *Vendredi* 11 *février*.

Philosophie. Beaux-arts...........................	31	à	81
Poésie. Théâtre. Romans...........................	147	à	223
Théologie. Sciences philosophiques..................	5	à	30

TROISIÈME VACATION. — *Samedi* 12 *février*.

Histoire littéraire..	335	à	361
Emblèmes, etc. Polygraphes...........................	224	à	260
Poëtes français..	103	à	146
Écriture sainte..	1	à	4

CONDITIONS DE LA VENTE.

La vente a lieu expressément au comptant.

Les acquéreurs payeront, en sus du prix d'adjudication, cinq centimes par franc, applicables aux frais.

CATALOGUE

DE

BEAUX LIVRES

RELIÉS EN MAROQUIN PAR BAUZONNET, NIEDRÉE,
CAPÉ, DURU, DAVID, ETC.

COMPOSANT LE CABINET DE M. ***.

ÉCRITURE SAINTE

ET

HISTOIRE DES RELIGIONS.

1. La Bible qui est toute la saincte escriture du vieil et du nouveau Testament, autrement l'ancienne et la nouvelle Alliance. *Se vend à Charenton, par Anthoine Cellier*, 1652, 3 vol. in-12 sur 2 coll. mar. r. fil. tr. dor. réglé. (*Anc. rel.*)

2. La Sainte Bible. *Paris*, *Desoer*, 1819, 7 vol. pet. in-12, d.-rel. mar., n. rogn., tr. sup. dor.

3. Tableaux de l'Ancien et du Nouveau Testament, gravés par Bernard Picart (texte hollandais). *Copenhague*, 1728, 3 vol. in-fol. mar. r. larges dentelles, compart., tr. dor., papier super-royal. (*Anc. rel.*)

Cet ouvrage contient 250 planches environ.

4. LA SAINTE BIBLE, selon la Vulgate, traduction nouvelle avec les dessins de Gustave Doré. *Tours, Mame*, 1866, 2 vol. in-fol. maroquin br. mors de maroquin, doublés de moire, tr. dor. (*David.*)

L'un des exemplaires sur papier de Chine. Les gravures que la seconde édition contient de plus sont intercalées dans cet exemplaire.

5. Les Quatre Livres des Rois, traduits en français du XIIe siècle, publiés par Le Roux de Lincy. *Paris, Impr. roy.*, 1841, gr. in-4, d.-rel. d. et c. de mar. r. n. rogn. tr. sup. dorée. (*Hardy-Mesnil.*)

6. Le Cantique des cantiques, trad. de l'hébreu, avec une étude sur le plan, l'âge et le caractère du poëme, par Ern. Renan. *Paris, Mich. Lévy*, 1860, in-8, d.-rel. mar. r.

7. Le Livre de Job, trad. de l'hébreu par Ernest Renan. *Paris, Michel Lévy*, 1859, in-8, d.-rel. mar.

8. Le Nouveau Testament, translaté de grec en françois (par Pierre Olivetan et Calvin). *S. l., de l'imprimerie de P.-Jacques Poullain et Antoine Rebul*, 1558, in-8, veau, tranche dorée et ciselée (*Riche reliure du temps.*)

Rare et jolie édition.

Dans le même volume, *Pseaumes de David mis en rime francoise par Clément Marot et Th. de Besze (sic), suivis de la forme des prières et du catéchisme.* 1558.

Au nombre des pièces liminaires se trouve l'*Epistre monstrant comment Christ est la fin de la loy, par Jan Calvin.*

9. De Imitatione Christi libri quatuor. *Amstelodami, ex officina Elzeviriana*, 1679, in-12, maroquin bleu, tr. dor. (*Duru.*)

10. Lettres de saint François de Sales, adressées à des gens du monde; nouvelle édition, avec une préface par M. Silvestre de Sacy. *Paris, J. Techener*, 1865, in-12, d.-rel. d. et c. de mar. bl. n. rogné, tr. sup. dor. (*David.*)

Exemplaire en papier de Hollande.

11. Réflexions sur la miséricorde de Dieu, par la duchesse de la Vallière, édition revue par Pierre Clément. *Paris*, *Techener*, 1860, 2 vol. in-12, d.-rel. mar. la Vall. n. rogn.

Exemplaire en papier de Hollande, avec double portrait.

12. LES ORAISONS FUNÈBRES de Bossuet, avec des notices par Poujoulat, gravures à l'eau-forte par Foulquier. *Tours*, *Mame*, 1869, in-8, grand papier, mar. r. fil. tr. dor.

13. ORAISONS FUNÈBRES, composées par messire Esprit Fléchier, évesque de Nîmes. *Paris*, *Antoine Dezallier*, 1691, 2 tomes en 1 vol. in-12, mar. r. jans. tr. dor.

Édition originale du recueil complet des Oraisons funèbres.

14. Les OEuvres posthumes de Fléchier. *Paris, Jacques Estienne*, 1712, 3 vol. in-12, mar. r. (*Anc. rel. avec armoiries.*)

15. Explication des maximes des saints sur la vie intérieure, par Fénelon. *Paris*, *P. Auboin*, 1697, in-12, mar. br. jans. (*Duru.*)

Édition originale. Exemplaire donné aux capucins de Pontoise par Mme Fouquet. Cette note est écrite au bas du titre.

16. BIBLIOTHÈQUE SPIRITUELLE, publiée par M. de Sacy. *Paris*, *Techener*, 1857 *et années suivantes*, 17 vol. in-12, d.-rel. dos et c. de mar. br. n. rogn. tr. sup. dor. (*David.*)

17. Les Provinciales, ou les Lettres écrites par Louis de Montalte à un provincial de ses amis et aux RR. PP. Jésuites (par Pascal). *Cologne*, *Pierre de la Vallée* (*Holl.*, *Elz.*), 1657, in-12, mar. vert, fil. tr. dor. (*Duru.*)

Bel exemplaire du premier tirage. Double du duc d'Aumale.

18. LE CABINET JÉSUITIQUE, contenant plusieurs pièces très-curieuses des RR. PP. Jésuites, avec un recueil des mystères de l'Eglise romaine. *Cologne*, *Jean le Blanc*, 1682.— Légende véritable de Jean le Blanc, 1682. — Onguant pour la brûlure, ou le Secret pour empêcher les jésuites de brûler les li-

vres. *Cologne, Pierre du Marteau*, 1682.— 3 parties en 1 vol. in-12, mar. r. jans. tr. dor. (*David.*)

Bel exemplaire. Titre gravé par Romeyn de Hooge.

19. Renversement de la morale chrétienne par les désordres du Monachisme. *S. l. n. d.* (*Hollande*, 1700), 2 part. en 1 vol. in-4, mar. r. fil. tr. dor. (*Anc. rel.*)

Ouvrage curieux. Frontispice gravé et 50 planches; portraits-caricatures.

20. Histoire des Diables de Loudun ou de la possession des religieuses ursulines, et de la condamnation et du supplice d'Urbain Grandier, curé de la même ville; cruels effets de la vengeance du cardinal de Richelieu. *Amsterdam*, 1716, pet. in-8, v. m.

21. Mémoires pour servir à l'histoire de la feste des foux, qui se faisoit autrefois dans plusieurs églises, par Du Tillot. *Lausanne*, 1741, in-4, v. f. figures.

22. Essai historique sur la puissance temporelle des Papes et sur l'abus qu'ils ont fait de leur ministère spirituel (par Daunou). *Paris*, 1818, 2 vol. in-8, d.-rel. v. f. n. rogn. tr. sup. dorée.

23. Mémoires pour servir à l'histoire de Port-Royal, par Fontaine. *Utrecht, aux dépens de la compagnie*, 1736, 2 vol. in-12, v. f.

Exemplaire de M. Brunet, n° 584 du catalogue.

24. Beugnot. Histoire de la destruction du paganisme en Occident, par Beugnot. *Paris, Didot*, 1835, 2 vol. in-8, d.-rel. dos et coins mar. r. tr. sup. dor. n. rognés.

Bel exemplaire, relié par David.

SCIENCES ET ARTS.

I. SCIENCES PHILOSOPHIQUES.

25. Esquisse d'un tableau historique des progrès de l'Esprit humain, par Condorcet. *Paris, an II*, in-8, d.-rel. mar. r. n. rogn.

26. De l'Origine du langage, par Ernest Renan. *Paris, Michel Lévy*, 1858, in-8, d.-rel. v. f.

27. Dictionnaire général des lettres, des beaux-arts et des sciences morales et politiques, par M. Th. Bachelet. *Paris, Dezobry*, 1862, 2 vol. gr. in-8, d.-rel. mar. br.

28. Collection des Moralistes anciens, suivie des Livres classiques de la Chine. *Paris, de l'imprimerie de Didot l'aîné*, 1785, 27 volumes, pet. in-12, papier vélin et papier fin, maroquin rouge, fil. tr. dor.

Bel exemplaire an ancienne reliure.

29. Platon. OEuvres, traduites par V. Cousin. *Paris*, 1831, 13 vol. in-8, d.-rel. dos et c. de mar. r. n. rogn., tr. sup. dorée. (*David*.)

Exemplaire en grand papier vélin.

30. MONTAIGNE. Les Essais. *Bruxelles*, *Foppens* (*Hollande, Elzévir*), 1659, 3 vol. in-12, maroquin, compartiments à petits fers sur le dos et sur les plats, dentelle intérieure, tr. dor. (*Capé*.)

Exemplaire grand de marges et dont la reliure a été entièrement dorée par Marius.

31. De la Sagesse, trois livres, par Pierre Le Charron. *A Bourdeaus, Simon Millanges*, 1601, in-8, maroquin rouge, filets, tr. dor. (*Anc. rel.*)

Édition originale. Exemplaire réglé.

32. De la Sagesse, trois livres, par P. Charron. *A Leide, chez Jean Elzévir, s. d.*, in-12, mar. vert, fil. tr. dor. (*Capé.*)

33. De la Sagesse, par Charron. *Paris, Bastien*, 1783, in-8, mar. r. (*Anc. rel. aux armes de France.*)

34. Les Passions de l'âme, par René Descartes. *Amsterdam, chez Louys Elzevier*, 1650, in-12, mar. bl. jans. (*Duru.*)

Bel exemplaire. 131 millim.

35. Les Caractères de La Bruyère, avec dix-huit gravures à l'eau-forte par V. Foulquier. *Tours, A. Mame*, 1867, gr. in-4, br.

Exemplaire sur papier de Chine.

36. Avis d'une mère à son fils et à sa fille (par la marquise de Lambert). *Paris, E. Ganeau*, 1728, in-12, v. f. fil. tr. dor. (*Petit.*)

Édition originale.

37. Traité de la Jalousie, ou moyens d'entretenir la paix dans le mariage (par de Courtin). *Paris, Helie Josset*, 1674, in-12, v. f. fil. tr. dor. (*Simier.*)

38. Pensées de Christine, reine de Suède, avec une notice sur sa vie. *Paris, Renouard*, 1825, in-12, papier vélin, bordure rouge, cartonné non rogné.

39. Intérêts et maximes des princes et des Estats souverains. *Cologne, Jean du Pays (à la Sphère)*, 1666, in-12, vélin.

40. Considérations politiques sur les coups d'État, par Gabriel Naudé, Parisien. *Sur la copie de Rome (à la Sphère)*, 1667, in-12, mar. r. fil. tr. dor. (*Capé.*)

41. Raison, Folie, chacun son mot ; petit cours de morale mis à la portée des vieux enfants, par P. E. L. (par Lemontey). *Paris, Deterville*, 1801, in-8, cart. n. rogn.

42. La Démocratie, par E. Vacherot. *Paris, F. Chamerot*, 1860, in-12, d.-rel. v. f.

43. De la Justice dans la Révolution et dans l'Église, par P.-J. Proudhon. *Paris, Garnier*, 1858, 3 vol. in-12, d.-rel. mar.

44. Histoire de l'instruction publique en Europe, universités, colléges, par Vallet de Viriville. *Paris*, 1849, gr. in-4, d.-rel. fig. mar. r. n. rogn. tr. sup. dor. (*Armoiries coloriées.*)

45. Le Ménagier de Paris, traité de morale et d'économie domestique, composé, vers 1393, par un bourgeois parisien, publié pour la première fois par la Société des bibliophiles français. *Paris, Crapelet*, 1846, 2 vol. gr. in-8, papier vergé, d.-rel. dos et coins de mar. bl. tr. sup. dorée.

Exemplaire avec le carton tome 2, page 62.

46. Histoire du commerce de toutes les nations, par H. Scherer, trad. de l'allemand. *Paris, Capelle*, 1867, 2 vol. in-8, d.-rel. mar. v.

---

47. Tableaux de la nature, par Alexandre de Humboldt, trad. par Hœfer. *Paris, Didot*, 1850, 2 vol. in-8, d.-rel. v. f.

48. Cosmos. Essai d'une description physique du monde, par Alexandre de Humboldt; traduit par Faye. *Paris, Gide et Baudry*, 1851, 4 vol. in-8, d.-rel. v. f. tr. sup. dor. n. rogn.

Exemplaire en papier fort.

II. BEAUX-ARTS. — ARTS DIVERS.

49. Traité de la peinture, par Léonard de Vinci. *Paris, Giffart*, 1716, in-12, fig. v. f. fil. tr. dor. (*Petit.*)

Traduit par Martin de Charmois, directeur de l'Académie de peinture.

50. Grammaire des arts du dessin, par Charles Blanc. *Paris, Renouard*, 1867, gr. in-8, d.-rel. mar. gr. n. rogn. fig.

51. Musée de peinture et de sculpture, dessiné et gravé par Réveil. *Paris, Audot*, 1828-30, 17 vol. — Les Loges de Raphaël, 1833. — Les Amours de Psyché, 1832. — Ensemble 19 vol. in-12, d.-rel. dos et c. de mar. r. non rogn. figures.

Exemplaire du duc d'Orléans.

52. Les Galeries publiques de l'Europe, par Armengaud. (*Rome*), *Paris, Claye*, 1856, in-fol. d.-rel. mar. r. figures.

Exemplaire sur papier de Chine, ayant appartenu à Charles Blanc et contenant une longue note de lui sur ses démêlés avec M. Armengaud.

53. Histoire de la vie et des ouvrages de Raphaël, par Quatremère de Quincy. *Paris, Didot*, 1835, in-8, d.-rel. mar. bl. n. rogné.

Bel exemplaire de Saint-Mauris, en grand papier, orné de 7 portraits de Raphaël et de 50 vignettes ou portraits.

54. Raphaël d'Urbin et son père Giovanni Santi, par Passavant, édition française, revue et annotée par Paul Lacroix. *Paris, Renouard*, 1860, 2 vol. in-8, d.-rel. mar. n. rogn.

Un portrait et deux planches ajoutés.

55. Histoire de la vie et des ouvrages de Michel-Ange, ornée d'un portrait, par Quatremère de Quincy. *Paris, Didot*, 1835, in-8, d.-rel. mar. r. n. rogné. (*Niedrée.*)

Bel exemplaire de Saint-Mauris, en grand papier, orné de 55 vignettes et portraits, parmi lesquels 7 portraits de Michel Ange.

56. La Vie des peintres flamands, allemands et hollandais, par Descamps (avec le voyage en Flandres). *Paris, Jombert*, 1753, 5 vol. in-8, mar. r. fil. tr. dor. (*Anc. rel.*)

Belles épreuves des gravures.

57. Salon de mil huit cent vingt-deux, par M. A. Thiers. *Paris*, *Maradan*, 1822, in-8, br. (*Cinq lithographies.*)

Rare. Exemplaire en papier vélin.

58. Histoire de l'origine et des progrès de la gravure dans les Pays-Bas et en Allemagne jusqu'à la fin du xve siècle, par Jules Renouvier. *Bruxelles*, *Hayez*, 1860, in-8, d.-rel. mar. r. n. rogn. tr. sup. dor.

Tiré à 200 exemplaires.

59. Dictionnaire des monogrammes, marques figurées, lettres initiales, noms abrégés avec lesquels les peintres, graveurs, etc., ont désigné leurs noms, par François Brulliot. *Munich*, 1832, 3 parties en 1 vol. in-4, d.-rel. mar. r.

60. Des Gravures en bois dans les livres d'Antoine Vérard, par Renouvier. *Paris*, *Aubry*, 1859, in-8, pap. teinté, d.-rel. mar. fig.

Tiré à 200 exemplaires.

61. Essai historique, pittoresque et philosophique sur les Danses des morts, par Langlois, ouvrage publié par A. Pottier. *Rouen*, *Le Brument*, 1852, 2 vol. gr. in-8, d.-rel. mar. v. n. rogn. tr. sup. dor. *figures.*

Bel exemplaire en papier vélin.

62. La Danse des morts, telle qu'elle est dépeinte dans la célèbre ville de Basles, dessinée et gravée sur l'original de feu M. Mérian. *Basle*, 1741, in-4, maroquin plein, compart. dorés, fil. tr. dor. (*Hardy.*)

Belles épreuves des gravures.

63. L'Alphabet de la Mort, de Hans Holbein, publié par An. de Montaiglon. *Paris*, *Edw. Tross*, 1856, in-8, figures, mar. r. jans. (*Thomson.*)

Exemplaire sur PEAU DE VÉLIN.

64. Étude sur Francisco Goya, sa vie et ses travaux; notice biographique et artistique, par G. Brunet. *Paris, Aubry*, 1865, gr. in-4, br. photographies.

65. Goya. OEuvre, 80 planches, in-4, cartonné.

66. Goya. Los Proverbios. *Madrid*, 1864, in-4, obl. 18 feuilles.

67. Goya. Tableaux gravés par Joseph del Castillo, 9 feuilles in-fol. dont *l'Homme garotté.*

68. Goya. Les Désastres de la guerre. *Madrid*, 1863, in-fol. obl. 80 *planches.*

69. Goya. Les Grandes Courses de taureaux, 4 gr. feuilles in-fol. belles épreuves, très-rares.

70. Les Cris de Paris, par Carle Vernet. In-fol. d.-rel. mar. 100 *planches en couleurs.*

71. D'après Nature, par Gavarni. *Paris, Morizot, s. d.* in-fol. cartonné.

72. Batissier. L'Art monumental. *Paris, Furne*, 1860, gr. in-8, d.-rel. mar. v. figures.

73. Les Grands Architectes français de la renaissance, par Adolphe Berty. *Paris, Aubry*, 1860, pet. in-8, vélin, tr. dor.

74. Dictionnaire raisonné de l'architecture française du xie au xvie siècle, par M. Viollet-le-Duc. *Paris, Bance*, 1854 et années suivantes. 10 vol. in-8, figures d.-rel. dos et c. de mar. r. n. rogn. tr. sup. dorée. (*David.*)

Exemplaire en grand papier.

75. Les Arts somptuaires. Histoire de l'ameublement et du costume. *Paris*, 1857, 4 vol. in-4, figures en couleurs, maroquin rouge, fil. tr. dor. (*David.*)

Très-bel exemplaire.

76. Costumes historiques des xiiie, xive et xve siècles, extraits des monuments les plus authentiques de

peinture et de sculpture, dessinés et gravés par Mercuri, avec un texte par Camille Bonnard. *Paris,* 1845, 2 vol. gr. in-4, papier vélin, figures coloriées, d.-rel. mar. n. rogn. tr. sup. dor.

77. Le Moyen Age et la Renaissance, par Paul Lacroix et Ferdinand Séré. *Paris,* 1848, 5 vol. in-4 et supplément, figures noires et coloriées, d.-rel. dos et c. de mar. r., n. rogn., tr. sup. dorée. (*Petit.*)

78. Arsène Houssaye. Histoire de l'art français au XVIIIe siècle. *Paris, H. Plon,* 1860, in-8, d.-rel. mar. r.

79. Mémoires ou Essais sur la musique, par Grétry. *Paris, de l'imprimerie de la République, an V,* 3 vol. in-8, d.-rel. v. f. portrait ajouté.

Bel exemplaire en papier velin.

80. Histoire artistique, industrielle et commerciale de la Porcelaine, par Albert Jacquemart et Edmond Le Blant. *Paris, Techener,* 1862, in-fol. d.-rel., d. et c. de mar., n. rogn., tr. sup. dorée, figures.

81. Essai sur l'art de restaurer les estampes et les livres, par A. Bonnardot. *Paris, Castel,* 1858, in-12, d.-rel. mar. v.

BELLES-LETTRES.

I. LINGUISTIQUE.

82. Le Jardin des racines grecques, mises en vers françois... par MM. de Port-Royal. *Paris, Pierre Le Petit*, 1657, in-12, mar. br. jans. tr. dor. (*Hardy*.)

Édition originale. Cet exemplaire porte sur la garde la signature de J. Lemaistre.

83. Glossarium mediæ et infimæ latinitatis, conditum a Carolo Dufresne, domino du Cange, auctum a monachis ordinis S. Benedicti, cum supplementis integris D. P. Carpenterii et additamentis Adelungii et aliorum, digessit G. A. L. Henschel. *Parisiis, excudebat Firmin Didot*, 1840, 7 vol. in-4, d.-rel. dos et coins de mar. bl. tr. sup. dor. n. rog.

84. Lexique roman, ou Dictionnaire de la langue des Troubadours, par Raynouard. *Paris, Silvestre*, 1844, 6 vol. in-8, d.-rel. dos et coins de c. de Russie.

Exemplaire en papier vélin.

85. Glossaire de la langue romane, par Roquefort. *Paris, Warée*, 1808, et Supplément. *Chassériau*, 1820, 3 vol. in-8, d.-rel. mar. br. (*Capé*.)

86. Project du livre intitulé : De la Précellence du langage françois, par Henri Estienne. *Paris, Mamert-Patisson*, 1579, pet. in-8, v. m., réglé.

Bel exemplaire.

87. Dictionnaire étymologique de la langue françoise, par Ménage. *Paris*, *Briasson*, 1750, 2 vol. in-fol. v. m. dentelle.

88. Dictionnaire comique, satyrique, critique, burlesque, libre et proverbial, par P. Leroux. *A Pampelune*, 1786, 2 vol. in-8, d.-rel. v. f. non rogn.

89. Études de philologie comparée sur l'argot, par Francisque Michel. *Paris*, *Didot*, 1856, in-8, d.-rel. v. f.

90. Dictionnaire de la langue verte, argots parisiens comparés, par Alfred Delvau. *Paris*, *Dentu*, 1867, in-12, br.

II. POÉSIE.

91. Anacréon, Sapho, Bion et Moschus, trad. nouvelle (par Moutonnet de Clerfond). *Paris*, 1772, gr. in-8, v. m. fil. tr. dor. (*Figures et vignettes d'Eisen.*)

92. Homère : OEuvres, traduites par Dugas-Montbel. *Paris*, *Firmin Didot*, 1829, 9 vol. in-8, d.-rel. v. f. (*Bel exemplaire.*)

93. Recueil de diverses pièces choisies d'Horace, Ovide, Catulle, Martial et Anacréon, aussi la traduction du premier chant de l'Adonis du chevalier Marin, par le président Nicole. *Jouxte la copie imprimée à Paris*, *chez Charles de Sercy* (*Holl.*, *Elzevir*), 1666, in-12, maroquin rouge, tr. dor. (*Capé.*)

94. Les OEuvres d'Horace, trad. nouvelle par M. Jules Janin. *Paris*, *Hachette*, 1861, in-12, papier vergé, photographies, maroquin vert, fil. tr. dor. (*David.*)

95. Les Métamorphoses d'Ovide en latin et en français, de la traduction de l'abbé Banier. *Paris*, *Le*

Clerc, 1767, 4 vol. in-4, figures de Gravelot, Eisen, etc., mar. r. fil. tr. dor. (*Bozérian.*)

Très-bel exemplaire.

96. PHÆDRI Fabulæ, notis illustravit David Hoogstratanus. *Amstelædami*, 1701, in-4, fr. gravé, portrait, mar. r. fil. tr. dor. (*Trautz-Bauzonnet.*)

Très-bel exemplaire en grand papier. Cette édition est ornée de jolies figures en médaillons.

97. Études de mœurs et de critique sur les poëtes latins de la décadence, par D. Nisard. *Paris, Hachette*, 1849, 2 vol. in-8, d.-rel. v. f.

98. LA PHARSALE DE LUCAIN, en vers françois, par M. de Brébeuf. *A Leide, chez Jean Elzevier*, 1653, in-12, mar. r. fil. tr. dor. (*Capé.*)

99. OEuvres de Salvien, trad. nouv. par J.-F. Grégoire et F. Collombet. *Paris*, *Bohaire*, 1833, 2 vol. in-8. d.-rel. v. ant. n. rogn. tr. sup. dorée.

100. Le Romancero français, histoire de quelques trouvères et choix de leurs chansons, le tout nouvellement recueilli, par M. Paulin Paris. *Paris*, *Techener*, 1833, in-12, pap. de Holl. d.-rel. mar. bl. (*David.*)

101. CHOIX DES POÉSIES ORIGINALES DES TROUBADOURS, par Raynouard. *Paris*, *Firmin Didot*, 1816, 6 vol. in-8, d.-rel. d. et c. de cuir de Russie.

Exemplaire en papier vélin.

102. LE ROMMANT DE LA ROSE, nouvellement reveu et corrigé oultre les précédentes impressions. *A Paris, par Galliot du Pré*, 1529, pet. in-8. mar. r. fil. tr. dor. (*Hardy-Mesnil.*)

Édition imprimée en caractères ronds, ornée de figures sur bois.
Bel exemplaire.

103. LE ROMAN de la Rose, par Guillaume de Lorris et Jehan de Meung; nouvelle édition, publiée par Méon. *Paris, Didot*, 1814, 4 vol. in-8, d.-rel. dos et c. de mar. r. (*David.*)

Exemplaire en grand papier vélin. Il contient, à la fin du tome IV, le supplément et l'article de Raynouard dans le Journal des Savants.

104. Le Roman du Renart, publié d'après les manuscrits, par Méon. *Paris, Treuttel et Wurtz*, 1826, 5 vol. in-8, d.-rel. d. et c. de mar. v. n. rogn. tr. sup. dor. (*David.*)

Exemplaire en grand papier vélin; figures avant la lettre et eaux-fortes.

105. Fabliaux et contes français des XIIe, XIIIe et XIVe siècles, publiés par Barbazan; nouvelle édition, augmentée et revue par Méon. *Paris, Warée*, 1808, 4 vol. in-8, fig. d.-rel. d. et c. de mar. r. n. rogn. tr. sup. dorée. (*David.*)

Exemplaire en grand papier de Hollande.

106. Les Poètes français depuis le XIIe siècle jusqu'à Malherbe. *Paris, Crapelet*, 1824, 6 vol. in-8, d.-rel. dos et c. de mar. r. n. rogn. tr. sup. dor. (*David.*)

Exemplaire en grand papier.

107. Anciens Poètes français, publiés par Coustelier. *Paris*, 1724, 10 vol. in-12, mar. r. fil. tr. dor. (*Capé.*)

108. Les Vers de maître Henri Baude, poëte du XVe siècle, publiés par M. Quicherat. *Paris, Aubry*, 1856, in-12, d.-rel. mar.

109. La Danse aux aveugles (par Pierre Michault) et autres poésies du XVe siècle. *Lille, A.-J. Panckoucke*, 1748, in-12, mar. r. jans. (*David.*)

Exemplaire non rogné.

110. Evvres de Louïze Labé, Lionnoize. *Lyon, Scheuring*, 1862, pet. in-8, d.-rel. dos et coins de mar. r. n. rogn. tr. sup. dor. (*David.*)

Édition sur papier vergé teinté, tirée à 200 exemplaires.

111. OEuvres poétiques de Mellin de Saint-Gelais. *Paris*, 1719, in-12, mar. r. fil. tr. dor. (*Capé.*)

112. Les OEuvres de P. de Ronsard, prince des poëtes françois. *Paris, Nicolas Buon*, 1609, in-fol. maroquin rouge, fil. tr. dor. doubles gardes (*David.*)

Très-bel exemplaire. On a ajouté à la fin du volume : Œuvres inédites de P. de Ronsard, publiées par Prosper Blanchemain, in fol. (tiré à 25 exempl.).

113. OEUVRES DE RONSARD. *Paris*, *Nicolas Buon*, 1617, 10 tomes en 5 vol. in-12, mar. br. fil. tr. dor. (*Capé.*)

Bel exemplaire, grand de marges.

114. OEuvres inédites de P. de Ronsard, recueillies et publiées par Prosper Blanchemain. *Paris*, *Aubry*, 1855, in-12, d.-rel. mar. r. n. rogn. tr. sup. dor.

115. Les OEuvres poétiques de Pierre de Brach, publiées et annotées par R. Dézeimeris. *Paris*, *Aubry*, 1861, 2 vol. in-4, pap. vélin, teinté, d.-rel. dos et c. de mar. bl. tr. sup. dor. (*David.*)

116. Quatre Livres de l'amour de Francine, par Jean-Antoine de Baïf, à Jacques de Cottier, Parisien. *Paris*, *André Wechel* (1555), pet. in-8, v. fauve.

Édition originale. Bel exemplaire en ancienne reliure aux armes de Lambert de Thorigny. Il est très-grand de marges (164 millim. de hauteur). Exemplaire de Lammens et de Pieters.

117. LES OEUVRES (POÉTIQUES) de Scévole de Sainte Marthe. *Paris, Mamert Patisson*, 1579, in-4, mar. bl. tr. dor. (*Duru.*)

Très-bel exemplaire, grand de marges.

118. LES OEUVRES DE PHILIPPE DESPORTES. *Lyon*, *Benoît Rigaud*, 1593, in-12, maroquin, fil. tr. dor. (*Capé.*)

119. OEuvres de Mathurin Regnier, avec les commentaires revus, corrigés et augmentés par M. Viollet-le-Duc. *Paris*, *Th. Desoer*, 1822, in-12, d.-rel. mar.

Exemplaire non rogné.

120. Le Cabinet des Muses. *Rouen*, *David du Petit-Val*, 1619, gr. in-12, mar. r. jans. tr. dor. (*Niedrée.*)

Très-bel exemplaire, rempli de témoins.

121. LES CHEVILLES DE MAISTRE ADAM, menuisier de Nevers ; seconde édition, augmentée par l'auteur.

Rouen, Jacques Cailloué, 1654, in-8, maroquin brun, fil. tr. dor. comp. dor. (*David.*)

122. Le Villebrequin de maitre Adam, menuisier de Nevers. *Paris, Guillaume de Luynes*, 1663, in-12, mar. r. tr. dor. (*Capé.*)

123. Les OEuvres poétiques latines et françoises de Nicolas Rapin, Poictevin. *Paris, Pierre Chevallier*, 1610, in-4, mar. la Vall. jans. dent. intérieure. (*David.*)

Bel exemplaire, contenant les vers mesurés; partie de VIII et 55 pages.

124. Les OEuvres poétiques de Vauquelin des Yveteaux, réunies pour la première fois, annotées et publiées par Prosper Blanchemain. *Paris, Aug. Aubry*, 1854, gr. in-8, pap. vergé, d.-rel. d. et c. de cuir de Russie.

Exemplaire auquel on a ajouté la Vie de Vauquelin des Yveteaux, par M. Rathery.

125. Satyre Menippée contre les femmes, sur les poignantes traverses et incommoditez du mariage, par Thomas Sonnet (Courval), gentilhomme virois. *Lyon, Vincent de Cœursilly*, 1623, in-8, mar. r. fil. tr. dor. (*Capé.*)

Les feuillets 6, 7, 8, sont restaurés dans la marge.

126. L'Espadon satyrique, par le sieur d'Esternod. *Bruxelles*, 1863, in-12, pap. de Hollande, d.-rel. mar. tr. sup. dor. (*David.*)

127. Le Cabinet satyrique, ou Recueil parfait des vers piquants et gaillards de ce temps. *A la Sphère* (*Hollande, Elzévir*), 1666.— Le Parnasse satyrique du sieur Théophile. (*Hollande, Elzevir*), 1660. — Ensemble 3 vol. in-12, mar. citr. fil. tr. dor. (*David.*)

Exemplaire uniforme de reliure et d'une très-belle conservation.

128. Description de la ville d'Amsterdam, en vers burlesques, selon la visite de six jours d'une sepmaine, par Pierre Le Jolle. *Amsterdam, Jacques Le Curieux*, 1660, in-12, mar. r. jans. (*Thibaron.*)

129. Berthaud. La Ville de Paris en vers burlesques, contenant les galanteries du palais, la chicane des plaideurs, les filouteries du Pont-Neuf, etc., etc., augmentée de la Foire Saint-Germain, par le sieur Scarron. *Paris, A. Rafflé*, 1664, in-12, mar. v. fil. tr. dor. (*Niedrée.*)

130. Poésies du sieur de Malleville. *Paris, Aug. Courbé*, 1649, in-4, mar. br. jans. dent. intérieure, tr. dor. (*David.*)

131. Les OEuvres poétiques de M. Bertaut, évesque de Séez, abbé d'Aunai. *Paris, R. Bertault*, 1653, in-8, mar. r. fil. tr. dor. (*Hardy.*)

Très-bel exemplaire.

132. Les OEuvres de M. Sarasin. *A Rouen, et se vend à Paris, chez Augustin Courbé*, 1658, in-12, maroquin rouge, fil. tr. dor. (*Capé.*)

133. Les Épistres en vers et autres œuvres poétiques de M. de Bois-Robert-Métel. *Paris, A. Courbé*, 1659, pet. in-8, mar. bl. tr. dor. (*David.*)

134. Les OEuvres de Théophile. *Paris, Nicolas Pepingué*, 1662, in-12, mar. r. fil. tr. dor. (*Capé.*)

135. Recueil de quelques pièces nouvelles et galantes, tant en prose qu'en vers. *Cologne, Pierre du Marteau* (*à la Sphère*), 1663, pet. in-12, mar. v. dentelles, mosaïque de mar. r. fil. tr. dor. (*Duru.*)

Ce volume, d'une impression remarquable, renferme le voyage de Chapelle et Bachaumont, et d'autres pièces intéressantes imprimées pour la première fois.

136. Menagii Poemata. — Poésies françoises de M. Ménage. — *Paris, Cramoisy*, 1668, in-8, maroquin, tr. dor. (*David.*)

Exemplaire en grand papier.

137. La Journée des Madrigaux, suivie de la Gazette de Tendre (avec la carte de Tendre) et du Carnaval des prétieuses, introductions et notes

par Émile Colombey. *Paris, Aubry*, 1856, in-12, cart. n. rogn.

138. OEuvres de Boileau-Despréaux, avec les commentaires revus, corrigés et augmentés. *Paris, Desoer*, 1821, 4 vol. in-12, d.-rel. mar. n. rogn.

Exemplaire de Viollet-le-Duc.

139. CONTES et Nouvelles en vers, par Jean de la Fontaine. *Paris, de l'imprimerie de Didot l'aîné, an III* (1795), 2 vol. in-4, papier vélin, d.-rel. dos et c. de mar. r. n. rogn. tr. sup. dorée.

Figures de Fragonard, avant la lettre.

140. Histoire de la vie et des ouvrages de J. de la Fontaine, par C.-A. Walckenaer. *Paris, Nepveu*, 1824, in-8, d.-rel. v. f. grand pap. vergé.

141. Poésies du Père du Cerceau. *Paris, E. Onfroy*, 1785, 2 vol. in-12, v. fil. tr. dor.

142. OEuvres de Madame Deshoulières. *Paris, de l'imprimerie de Crapelet, an VII*, 2 vol. in-8, v. ant. fil. tr. dor. portraits ajoutés, superbe épreuve du portrait de Van Schepper.

143. Nouveau Choix de pièces de poésie (par Duval). *A Nancy, et se trouve à Paris*, 1715; 2 parties en 1 vol. in-12, mar. bl. jans. tr. dor. (*Hardy.*)

Ce recueil contient quelques pièces de la Fontaine imprimées pour la première fois.

144. Fables nouvelles, dédiées au roy, par M. de la Motte. *Paris, Gr. Dupuis*, 1719, in-4, grand papier, figures, v. rac. fil. tr. dor. (*Bozérian.*)

145. LES BAISERS, précédés du Mois de mai, par Dorat. *La Haye*, 1770, in-8, vignettes et culs-de-lampe d'Eisen, mar. orange, fil. tr. dor. (*Petit.*)

Exemplaire en grand papier de Hollande.

146. FABLES, PAR DORAT. *La Haye*, 1773, 2 tom. en 1 vol. in-8, vignettes et culs-de-lampe d'Eisen, mar. v. fil. tr. dor. (*Duru.*)

Exemplaire en papier de Hollande azuré. Premières épreuves des gravures.

147. Le Fond du sac, ou restant des Babioles de M. X. (Nogaret). *Venise, Pantalon-Phébus*, 1780, 2 tomes en 1 vol. pet. in-12, mar. orange, fil. tr. dor. (*Hardy*.)

Jolies vignettes en tête de plusieurs pièces.

148. OEuvres complètes de Gilbert. *Paris, Dalibon*, 1823, gr. in-8, d.-rel. d. et c. de mar. bl. tr. sup. dor.

Exemplaire en grand papier.

149. OEuvres complètes de Bertin. *Paris*, 1824, in-8, d.-rel. d. et c. de mar. bl. n. rogn. tr. sup. dorée. (*David*.)

Exemplaire en grand papier vélin.

150. OEuvres de Gresset. *Paris, Renouard*, 1811, 2 vol. in-8, d.-rel. dos et c. de mar. bl. n. rogn. tr. sup. dorée.

Exemplaire en grand papier vélin, avec les figures avant et avec la lettre, la suite de Moreau, in-12, et le Parrain magnifique à la fin du tome II.

151. La Pucelle d'Orléans, poëme en vingt et un chants. *Genève*, 1773, in-8, figures, mar. r. fil. tr. dor. (*Anc. rel.*)

152. Les Sens, poëme en six chants. *Londres*, 1766.— La Peinture, poëme en trois chants, par Le Mierre. *Paris, s. d.*, 2 p. en 1 vol, in-8, v. gr. fil. tr. dor. *Figures d'Eisen et de Cochin.*

153. Poésies satiriques du dix-huitième siècle. *Londres* (*Cazin*), 1782, 2 vol. pet. in-12, mar. r. fil. tr. dor. (*Capé*.)

154. Romances, par Berquin. *Paris, de l'imprimerie de Monsieur*, 1788, in-12, pap. vél. mar. r. figures avant la lettre.

155. OEuvres complètes de Grécourt. *Paris, an V* (1796), 4 vol. in-8, dem.-rel. mar.

Exemplaire en papier vélin, avec les figures avant la lettre.

156. Poésies d'André Chénier, édition publiée par M. Becq de Fouquières. *Paris, Charpentier*, 1862,

2 vol. in-8, portrait, d.-rel. dos et coins de mar., n. rogn. tr. sup. dor. (*David.*)

Exemplaire en grand papier de Hollande.

157. Œuvres d'Évariste Parny. *Paris*, *Debray*, 1808, 5 vol. in-12, papier vélin, mar. r. fil. tr. dor. (*Bozérian.*)

158. Poésies diverses de Ch. Nodier recueillies par N. Delangle. *Paris*, *Delangle*, 1827, pet. in-8, d.-rel. mar. v. tr. dor.

159. Némésis, par Barthélemy, quatrième édition, ornée de quinze gravures d'après les dessins de Raffet. *Paris, Perrotin*, 1835, 2 vol. in-8, d.-rel. mar. n. rogn.

160. Jocelyn, épisode, journal trouvé chez un curé de village, par A. de Lamartine. *Paris*, *Furne*, 1861, in-18, papier de Chine, mar. bl. compart., n. rogn. (*David.*)

Édition donnée par Chenu et tirée à 100 exemplaires.

161. Acanthologie, ou Dictionnaire épigrammatique. *Paris*, 1817, in-12, d.-rel. v. f.

162. Chansons et Poésies diverses, par M. A. Désaugiers. *Paris*, *Ladvocat*, 1827, 4 vol. in-12, d.-rel. d. et c. de mar. br. n. rognés, papier vélin.

Exemplaire de Pieters.

163. Recueil de Chants historiques français, depuis le XIIe siècle, publié par Le Roux de Lincy. *Paris*, *Gosselin*, 1841, 2 vol. — Chants historiques français du temps de Charles VII. *Paris*, 1857, in-12. — 3 vol. in-12, d.-rel. d. de mar. n. rogn.

164. Chants et Chansons populaires de la France. *Paris, H.-L. Delloye*, 1844, 3 vol. in-4, d.-rel. dos et coins de mar. v. tr. dor. figures à chaque page.

Bel exemplaire d'ancien tirage. On y a joint les chansons populaires des provinces de France, 1860, formant un 4e volume, de reliure uniforme.

165. L'Enfer de Dante Alighieri, avec les dessins de Gustave Doré, traduction française de Fioren-

tino, accompagnée du texte italien. *Paris, Hachette*, 1841, in-fol. cartonné. (*Figures sur chine.*)

166. ROLAND FURIEUX, poëme héroïque de l'Arioste, traduction nouvelle par M. d'Ussieux. *Paris, Brunet*, 1776, 4 vol. in-4, mar. r. figures de Moreau, Cochin, Monnet et autres.

Les premiers volumes sont aux armes de Lamoignon-Malesherbes; le quatrième volume ne porte pas d'armoiries; il est un peu plus court que les autres.

III. THÉATRE.

167. Théâtre français au moyen âge, publié par de Monmerqué et Francisque Michel. *Paris, Didot*, 1842, gr. in-8, d.-rel. v. f.

168. Corneille à la butte Saint-Roch, comédie en un acte et en vers, par Ed. Fournier. *Paris, Dentu*, 1862, in-12, d.-rel. v. f. fig.

169. ESTHER, tragédie tirée de l'Écriture sainte (par Jean Racine). *Paris, Denys Thierry*, 1684, in-4, figure de Séb. Leclerc, mar. br. tr. dor. (*David.*)

Très-bel exemplaire de l'édition originale.

170. Le Roman de Molière, suivi de fragments sur sa vie privée, par Edouard Fournier. *Paris, Dentu*, 1863, in-12, broché.

171. Molière et sa troupe, par H.-A. Soleirol. *Paris*, 1858, gr. in-8, d.-rel. mar. r. n. rogn. portraits.

172. LE THÉATRE DE M. QUINAULT. *Amsterdam, Pierre de Coup*, 1715, 2 vol. in-12, mar. bl. jans. (*Duru.*)

Exemplaire non rogné. La date de 1715 est celle du titre général, mais chaque pièce a son titre imprimé séparément et portant : *Suivant la copie imprimée à Paris (au Quærendo)*, de 1697 à 1708.

173. Les OEuvres choisies de Quinault. *Paris, Crapelet*, 1824, 2 vol. gr. in-8, d.-rel. dos et c. de mar. n. rogn. tr. sup. dorée. (*David.*)

Exemplaire en grand papier vélin, portrait sur chine.

174. Les OEuvres de M. Pradon. *Paris*, 1744, 2 vol. in-12, v. f.

175. Théâtre de M. Dancourt. *Paris, Libraires associés*, 1760, 12 vol. in-12, v. granit, filets.

176. OEuvres de Collin d'Harleville. *Paris, Janet et Cotelle*, 1821, 4 vol. in-8, portrait, d.-rel. d. et c. de mar. bl. n. rogn. tr. sup. dorée.

Exemplaire en papier vélin. On a ajouté une pièce en vers de la main d'Andrieux, écrite en juin 1793. Il s'était réfugié chez Collin d'Harleville, au village de Mevoisins; il est l'auteur de la notice qui se trouve en tête de cette édition. A la fin du quatrième volume se trouve la Querelle des deux frères, également sur papier vélin.

177. Anecdotes dramatiques. *Paris, veuve Duchesne*, 1775, 3 vol. pet. in-8, c. de R. n. rogn. tr. sup. dor. (*Lortic.*)

178. Galerie historique des acteurs du Théâtre-Français, depuis 1600 jusqu'à nos jours, par Lemazurier. *Paris*, *Chaumerot*, 1810, 2 vol. in-8, d.-rel. mar. or. n. rogn. tr. sup. dor. (*Hardy-Mennil.*)

On a ajouté à cet exemplaire de nombreux portraits noirs et coloriés et des dessins de B. Bauderval.

179. Les Souvenirs et les Regrets du vieil amateur dramatique. *Paris*, *Alph. Leclère*, pet. in-8, pap. vergé, figures coloriées, d.-rel. dos et coins de mar. r. tr. sup. dorée, n. rogné. (*David.*)

180. Masques et Bouffons (comédie italienne), texte et dessins par Maurice Sand, gravures par A. Manceau, préface par George Sand. *Paris*, *M. Lévy*, 1862, 2 vol. gr. in-8, d.-rel. dos et coins de mar. citr. comp. de mar. tr. sup. dorée. (*David.*)

Exemplaire avec trois suites de figures, dont deux en couleurs.

181. OEuvres de Schiller, traduction nouvelle par A. Régnier. *Paris*, *Hachette*, 1859, 8 vol. in-8, d.-rel. dos et c. de mar. br. tr. sup. dor. n. rogné (*David*).

Exemplaire en grand papier.

IV. ROMANS ET CONTES,

SATIRES, EMBLÈMES, DIALOGUES, ANAS, ÉPISTOLAIRES.

182. Collection des romans grecs, traduits en français, avec des notes de Courier, Larcher et autres. *Paris, Merlin,* 1838, 12 vol. in-12, d.-rel. v. f. figures.

183. Recherches bibliographiques et critiques sur les éditions originales des cinq livres du roman satirique de Rabelais, par J.-C. Brunet. *Paris, L. Potier*, 1852, in-8, d.-rel. mar. n. rogn.

Exemplaire en papier de Hollande.

184. OEuvres de Me François Rabelais, avec des remarques critiques et des notes par Le Duchat. *Amsterdam, Frédéric Bernard*, 1741, 3 vol. in-4, figures de B. Picart, v. m. fil. tr. dor. (*Armoiries*.)

Bel exemplaire.

185. OEuvres de Rabelais. *Paris, Th. Desoer,* 1820, 3 vol. in-18, portrait, d.-rel. mar. (*Thouvenin.*)

Exemplaire non rogné.

186. OEuvres de François Rabelais, illustrations par Gustave Doré. *Paris, Bry aîné*, 1854, gr. in-8, d.-rel. v. f. (*Figures.*)

187. Les Serées de Guillaume Bouchet. *Lyon, Simon Rigaud*, 1615, 3 tomes en 1 vol. in-8, maroquin vert, fil. tr. dor. (*Duru.*)

Exemplaire de M. Duplessis.

188. Les Bigarrures et Touches du seigneur des Accords, avec les Apophthegmes du sieur Gaulart, et les Escraignes dijonnoises. *A Rouen, Loys du Mesnil,* 1640, in-8, mar. r. fil. tr. dor. (*Capé.*)

189. Les Contes et discours d'Eutrapel, par Noel du Fail. *S. l.*, 1732, 2 vol. — Discours d'aucuns propos rustiques et facétieux et de singulière récréation, ou les Ruses et finesses de Ragot, capi-

taine des Gueux, 1732. — Ensemble, 3 vol. in-12, maroquin rouge, fil. (*Chambolle-Duru.*)

Exemplaire non rogné.

190. Les Nouvelles de Marguerite, reine de Navarre. *Berne*, 1780, 3 vol. in-8, maroquin rouge, filets, tr. dor. (*Anc. rel.*)

Très-bel exemplaire de cette édition, qui renferme les premières épreuves (avant les numéros) des figures de Freudenberg.

191. L'Heptaméron des Nouvelles de Marguerite d'Angoulême, reine de Navarre. *Paris*, 1853, 3 vol. pet. in-8, portrait, papier vergé, d.-rel. d. et c. de mar. bl. n. rogn. tr. sup. dor. (*David.*)

Publié par la Société des Bibliophiles français.

192. Les Contes des Fées, en prose et en vers, de Ch. Perrault ; nouvelle édition, précédée d'une lettre critique par M. Ch. Giraud. *Paris, Impr. imp.*, 1864, in-8, vignettes et portraits, mar. bleu, larges dentelles, riches compartiments dorés, fil. tr. dor. (*David.*)

Exemplaire sur papier de Chine.

193. Histoire de Gil Blas, par Le Sage, vignettes par Jean Gigoux. *Paris*, *Dubochet*, 1838, gr. in-8, mar. bl. fil. tr. dor. (*David.*)

Exemplaire sur papier de Chine.

194. Le Diable boiteux, par Le Sage. *Paris*, *D. Jouaust*, 1868, in-8, broché.

Exemplaire sur papier de Chine.

195. La Vie de Pedrille del Campo, roman comique dans le goût espagnol (par T.). *Paris*, *Pierre Prault*, 1718, in-12, figures, mar. vert, fil. tr. dor. (*Hardy.*)

196. Acajou et Zirphile, conte (par Duclos). *A Minutie*, 1774, in-12, v. figures de Boucher.

197. Romans et contes de Voltaire. *Bouillon*, 1778, 3 vol. in-8, mar. r. fil. tr. dor. (*David.*)

Très-bel exemplaire, avec les figures de Monet avant la lettre et avant les numéros. On y a ajouté la première suite des figures de Moreau.

198. La Vie de Marianne, ou les Aventures de Madame la comtesse de *** (par Marivaux). *Amsterdam*, 1778, 2 vol. in-12, jolies figures de Fokke, portrait ajouté, mar. vert, fil. tr. dor. (*Duru.*)

Exemplaire de M. Duplessis.

199. Galatée, pastorale imitée de Cervantes, par M. de Florian. *Paris, de l'imprimerie de Monsieur*, 1778, in-12, pap. vél. mar. v. fil. tr. dor. figures.

200. Histoire de Huon de Bordeaux, par Tressan. *De l'imprimerie de Didot jeune, Paris, Déterville, an VII*, in-18, mar. r. fil. doublé de moire, mors de maroquin, tr. dor.

Exemplaire en grand papier vélin, avec les figures avant la lettre.

201. Ollivier, poëme (en prose), par Cazotte. *Paris, P. Didot*, 1798, 2 vol. in-18, dem.-rel. dos et c. de mar. bl. n. rogn. tr. sup. dor. (*David.*)

Exemplaire en grand papier vélin, figures avant la lettre.

202. Évelina, ou l'entrée d'une jeune personne dans le monde, par miss Burney, trad. de l'anglais. *Paris, Bleuet*, 1798, 2 vol. in-12, fig. papier vélin, mar. r. compartiments, tr. dor. doublé de moire. (*Anc. rel.*)

203. Primerose, par M..... El. de V...dé (Morel de Vindé). *Paris, P. Didot*, 1797, in-18, d.-rel. dos et c. de mar. bl. n. rogn. tr. sup. dor. (*David.*)

Exemplaire en grand papier vélin, avec les gravures avant la lettre et les eaux-fortes.

204. Zélomir, par Morel (Vindé). *Paris, Bleuet*, 1801, in-12, d.-rel. mar. bl. n. rogn. tr. sup. dor. (*David.*)

Exemplaire en grand papier vélin, avec les figures avant la lettre et les eaux-fortes.

205. Voyage autour de ma chambre, par Xavier de Maistre ; nouvelle édition, avec miniature. *Paris, Jules Tardieu*, 1861, in-18, portraits et vignette ajoutés, maroquin orange, compartiments en or. tr. dor. (*David.*)

206. La Dot de Suzette, ou Histoire de Mme de Senneterre, par J. Fiévée. *Paris*, *Werdet et Lequien*, 1826, in-16, pap. vélin, v. f. fil. tr. dor.

207. Histoire du roi de Bohême et de ses sept châteaux (par Charles Nodier). *Paris*, *Delangle*, 1830, in-8, papier collé, d.-rel. br. n. rogn.

208. Les Contes drolatiques de Balzac, colligez ès abbayes de Touraine, et mis en lumière par le Sr de Balzac; cinquiesme édition, illustrée de 425 dessins par Gust. Doré. *Paris*, 1855, in-8, mar. br. compartiments en rinceaux, dos orné, fil. tr. dor. (*David.*)

L'un des six exemplaires sur papier de Chine.

209. Jérôme Paturot à la recherche d'une position sociale, par Louis Reybaud, édition illustrée par Granville. *Paris*, *Dubochet*, 1846, gr. in-8, d.-rel. mar., n. rogn. tr. sup. dor. (*Niedrée.*)

---

210. Songe de Poliphile, traduction libre de l'italien par J.-G. Legrand. *Paris*, *P. Didot*, 1804, 2 vol. in-12, grand papier vélin. d.-rel. dos et coins de mar. v. n. rogn. tr. sup. dor. (*David.*)

211. Le Décaméron de Jean Boccace (traduit par le Maçon). *Londres*, 1757, 5 vol. in-8, v. m. fil. tr. dor. *Figures d'Eisen*, *Gravelot*, *Cochin*, *etc.*

212. Don Quichotte de la Manche, par Miguel de Cervantes, traduction de Louis Viardot, avec les dessins de Gustave Doré. *Paris*, *Hachette*, 1863, 2 vol in-fol. cartonnés, figures sur chine.

213. Les Principales Aventures de l'admirable Don Quichotte, représentées en figures par Coypel, Picart le Romain, et autres, tirées de l'original espagnol de Miguel de Cervantes. *La Haye*, 1774, 2 vol. in-8, v. m. fil. tr. dor. fig.

214. Contes de Cantorbéry, traduits en vers français, de Geoffrey Chaucer, par le chevalier de

Châtelain. *London, Pickering*, 1857, 2 vol. in-12, d.-rel. dos et coins de mar. r. n. rogn. tr. sup. dor.

Ouvrage orné de nombreuses figures.

215. La Vie et les Avantures surprenantes de Robinson Crusoé, le tout écrit par lui-même (par Daniel de Foé), traduit de l'anglois (par Saint-Hyacinthe et Van Effen). *Leyde, E. Luzac junior*, 1754, 3 vol. in-12, figures de B. Picart, mar. r. fil. tr. dor. (*Reliure de Mouillié.*)

Très-bel exemplaire de la vente Radziwill.

216. Voyages de Gulliver. *Paris, de l'imprimerie de Didot (chez Bleuet)*, 1797, 4 vol. gr. in-18, maroquin vert, fil. tr. dor. (*Anc. rel.*)

Exemplaire en papier vélin, figures avant la lettre.

217. Voyages de Gulliver, par Swift, édition illustrée par Granville, trad. nouvelle. *Paris, Furne*, 1838, 2 vol. in-8, d.-rel. v. n. rogn. fig.

218. Le Conte du Tonneau, par Swift, traduit de l'anglois. *La Haye, Henri Scheurleer*, 1721, 2 vol. in-12, mar. citr. tr. dor. (*Anc. rel.*)

Exemplaire en grand papier.

219. Clarisse Harlowe, traduction nouvelle par Le Tourneur. *Genève, Barde*, 1785, 10 vol. in-8, grand papier de Hollande, figures avant la lettre, maroquin rouge, fil. tr. dor. (*Ancienne reliure.*)

Exemplaire de la duchesse de Raguse.

220. Tom Jones, ou Histoire d'un enfant trouvé, par Fielding (trad. par le comte de la Bédoyère). *Paris, Didot*, 1833, 4 vol. in-8, papier vélin, d.-rel. dos et coins de mar. r. n. rogn. tr. sup. dor. figures avant la lettre et sur papier de Chine.

221. Contes moraux et nouvelles idylles de Salomon Gessner. *A Zurich, chez l'auteur*, 1773, in-4, v. f. fil. figures.

222. L'Éloge de la Folie, nouvellement traduit du latin d'Erasme, par M. de la Veaux, avec les figures de Jean Holbein. *Basle*, 1780, in-8, pap. de Holl. mar. r. jans. tr. dor. (*Capé.*)

Bel exemplaire. Portrait et titre gravé ajoutés.

223. Les Joyeusetez, facéties et folastres imaginacions de Caresme prenant, Gauthier Garguille, Roger Bontemps, Turlupin, Tabarin, etc. *Se vend chez Techener*, 1830, 20 vol. gr. in-16, papier de Hollande, d.-rel. dos et coins de mar. r. n. rogn. tr. sup. dor. (*David.*)

Tiré à 76 exemplaires.

224. Hadriani Junii medici Emblemata. *Antuerpiæ, ex officina Christophori Plantini*, 1565, in-8, mar. r. jans. tr. dor. (*Raparlier.*)

Figures en bois de Hubert Goltzius, dont le monogramme existe aux planches 10 et 19.

225. Horatii Flacci Emblemata, imaginibus in æs incisis illustrata, studio Othonis Vænii. *Antuerpiæ*, 1607, in-4, mar. r. fil. tr. dor. (*Petit.*)

Cent trois planches; belles épreuves. Les marges de ce volume ont été rallongées sur le côté.

226. Hexaméron rustique, ou les six journées passées à la campagne entre des personnes studieuses (par la Motte le Vayer). *Paris, Louis Billaine*, 1671, in-12, mar. r. fil. tr. dor. (*Allo.*)

Bel exemplaire, auquel on a ajouté le portrait de l'auteur, gravé par Ficquet.

227. Cinq Dialogues faicts à l'imitation des anciens, par Oratius Tubero (la Motte le Vayer). *A Mons, Paul de la Flèche*, 1671, in-12, mar. r. jans. (*David.*)

Exemplaire non rogné.

228. Amusements philologiques, ou Variétés en tous genres, par Gabr. Peignot. *Dijon, Lagier*, 1842, in-8, d.-rel. v. f.

229. Le Livre des singularités, par Philomneste (Gabr. Peignot). *Dijon, Lagier*, 1841, in-8, d.-rel. mar.

230. Choix de testaments anciens et modernes, remarquables par leur importance, leur singularité et leur bizarrerie, par Gabr. Peignot. *Paris*, 1829, 2 vol. in-8, d.-rel. mar. bl.

231. Prédicatoriana, ou Révélations singulières et amusantes sur les prédicateurs, par Philomneste (Gabr. Peignot). *Dijon*, *Lagier*, 1841, in-8, d.-rel. mar.

232. Fournier. L'Esprit des autres. *Paris*, *Dentu*, 1857. — L'Esprit dans l'histoire, 1857. — 2 vol. in-18, d.-rel. mar. v.

233. Lettres du comte d'Avaux à Voiture, suivies de pièces inédites et publ. par A. Roux. *Paris, A. Durand*, 1858, in-8, pap. teinté.

234. Lettres portugaises. *Paris*, *Delance*, 1796, 2 tomes en 1 vol. in-12, figures, pap. vélin, r. ant. fil. tr. dor. (*Trautz-Bauzonnet.*)

V. POLYGRAPHES.

235. Les OEuvres d'Estienne Pasquier, contenant ses Recherches sur la France, ses lettres, etc. *Amst.*, 1723, 2 vol. in-fol. v. m.

236. Les OEuvres de M. de Balzac. *Paris, Louis Billaine*, 1665, 2 vol. in-fol. mar. rouge, fil. tr. dor. (*David.*)

Très-bel exemplaire.

237. OEuvres de Blaise Pascal, nouvelle édition. *Paris, Lefèvre*, 1819, 5 vol. in-8, d.-rel. dos et coins de mar. br. n. rogn.

Exemplaire en grand papier vélin. Portrait de Pascal avant la lettre et eau-forte.

238. OEuvres diverses de Fontenelle. *La Haye, Gosse et Neaulme*, 3 vol. in-fol. v. m. fil. tr. dor. *Figures de Bernard Picart.*

239. OEuvres de J.-B. Rousseau, nouvelle édition, avec un commentaire historique et littéraire. *Pa-*

ris, Lefèvre, 1820, 5 vol. in-8, portrait avant la lettre, d.-rel. dos et coins de mar. (*David.*)

Exemplaire en grand papier vélin, auquel on a ajouté des portraits avant la lettre et eaux-fortes, et des gravures dans le théâtre, les odes, les cantates, etc.

240. Lettres sur les ouvrages et le caractère de J.-J. Rousseau, par Mme de Stael. *S. l.*, 1788, in-12, d.-rel. v. f. n. rogn. tr. sup. dor.

Tiré seulement à 20 exemplaires. *V. Quérard.*

241. ŒUVRES COMPLÈTES DE JEAN-JACQUES ROUSSEAU, avec des éclaircissements et des notes historiques par Auguis. *Paris*, *Dalibon*, 1824, 27 vol. in-8, d.-rel. dos de veau rose, n. rogn.

Bel exemplaire en grand papier vélin; figures avant la lettre et eaux-fortes.

242. Les Confessions de J.-J. Rousseau, *Paris, P. Didot,* 1808, 4 vol. in-12, papier vélin, d.-rel.

243. ŒUVRES DE MONTESQUIEU, avec les notes de tous les commentateurs; édition publiée par Parrelle. *Paris*, *Lefèvre*, 1826, 8 vol. in-8, d.-rel. v. bl. non rogn. (*Niedrée.*)

De la collection des Classiques français.

244. ŒUVRES DE RULHIÈRE. *Paris*, *Ménard et Desenne*, 1819, 6 vol. in-8, mar. bl. fil. tr. dor. (*Simier.*)

Exemplaire en papier vélin.

245. ŒUvres complètes de Beaumarchais. *Paris, Léopold Collin*, 1809, 6 vol. in-8, v. m. fil. figures.

246. MIRABEAU. Ses ŒUvres. *Paris*, 1827-1851, 20 vol. in-8, d.-rel. mar. r. n. rogn. (*Reliure uniforme.*)

ŒUvres, 9 vol.; Mémoires, 8 vol.; Correspondance avec le comte de Lamark, 3 vol.

247. ŒUVRES DE BERNARDIN DE SAINT-PIERRE, nouvelle édition, revue, corrigée et augmentée par Aimé-Martin. *Paris, Dupont*, 1826, 12 vol. in-8, d.-rel. dos et coins de maroquin vert, n. rogn. tr. sup. dor. (*David.*)

Bel exemplaire en grand papier vélin. Figures de Desenne avant la lettre.

248. ŒUVRES DE CHATEAUBRIAND. *Paris, Garnier, s. d.* 18 vol. gr. in-8, figures, d.-rel. dos et coins de mar. br. n. rogn. tr. sup. dorée. (*David.*)

Bel exemplaire, auquel on a joint les Mémoires d'outre-tombe.

249. BÉRANGER. OEuvres complètes. *Paris, Perrotin,* 1862, 9 vol. in-8, d.-rel. dos et coins de mar. r. n. rogn. tr. sup. dorée. (*David.*)

Très-bel exemplaire, auquel on a ajouté : une lettre autographe de Béranger, — la suite avec et avant la lettre des figures de l'édition, — les gravures de Granville sur chine, — la suite d'Henri Monnier, ainsi que les figures libres sur chine.

250. OEUVRES COMPLÈTES D'ALFRED DE MUSSET, édition ornée de 28 dessins de Bida. *Paris, Charpentier,* 1866, 10 vol. in-8, d.-rel. dos et coins de mar. n. rogn. tr. sup. dorée. (*David.*)

Bel exemplaire en grand papier de Hollande; figures sur chine.

---

251. OEuvres complètes de Machiavel, traduites par Périès. *Paris, Michaud,* 1823, 9 vol. in-8, d.-rel. dos et c. de v. f. n. rogn. tr. sup. dor.

252. OEUVRES COMPLÈTES D'ALEXANDRE POPE, trad. en français. *Paris, veuve Duchene,* 1779, 8 vol. in-8, portrait et figures de Mariller, maroquin rouge, fil. tr. dor. (*Anc. rel.*)

Bel exemplaire.

253. OEUVRES DE GŒTHE, traduction nouvelle par Jacques Porchat. *Paris, Hachette,* 1861, 10 vol. gr. in-8, portrait, d.-rel. dos et coins de mar. r. tr. sup. dorée. (*David.*)

Exemplaire en grand papier vélin.

VI. COLLECTIONS ET MÉLANGES.

254. COLLECTION d'anciens monuments de la langue française, publiée par Crapelet. *Paris,* 1830, 13 vol. gr. in-8, d.-rel. dos et coins de mar. r. n. rogn. tr. sup. dorée. (*Hardy-Mesnil.*)

Exemplaire en grand papier vélin de Hollande; figures coloriées.
La collection se compose de : Chansons du châtelain de Coucy. — L'His-

toire du châtelain de Coucy. — Proverbes populaires. — Poésies d'Eustache Deschamps. — Gages de batailles. — Demandes faites par le roi Charles VI. — Tableau de mœurs au dixième siècle. — Pas d'armes de la bergère. — La Passion de Jésus-Christ, par Olivier Maillard. — Combat de trente Bretons contre trente Anglais. — Lettre de Henri VIII à Anne de Boleyn. — Vers sur la mort, par Thibaud de Marly. — Partonopeus de Blois.

255. COLLECTION CAZIN. — Regnier, Cl. Marot, Chansons françaises, Gessner, etc. *Paris*, *Cazin*, 1778-82. 20 vol. in-18, mar. r. fil. tr. dor. (*Anc. rel.*)

256. COLLECTION des meilleurs ouvrages de la langue françoise, dédiée à S. Alt. Madame la duchesse d'Angoulême. *Paris, Didot*, 1814, 23 vol. in-12, papier vélin et papier fin, d.-rel. d. et c. de mar. r. n. rogn. tr. sup. dorée. (*David.*)

257. BIBLIOTHÈQUE ELZÉVIRIENNE, publiée par Jannet. *Paris*, 1855 *et années suivantes*, 65 volumes in-12, cart. n. rogn.

258. Bibliothèque gauloise, publiée par Delahaye. *Paris*, 1858 *et années suivantes*, 9 vol. in-12, cart. n. rogn.

259. Mélanges d'histoire et de littérature, recueillis par M. de Vigneul-Marville (Dom Bonaventure d'Argonne). *Paris*, *Aug. Besoigne*, 1699, 3 vol. in-12, mar. r. fil. tr. dor. (*Ancienne reliure.*)

260. Mélanges de littérature et d'histoire, recueillis et publiés par la Société des bibliophiles français. *Paris, Crapelet*, 1850, in-8, d.-rel. mar. br. n. rogn. (*David.*)

Tiré à petit nombre.

HISTOIRE.

I. VOYAGES.

261. Journal du voyage de Vasco de Gama, en 1497, trad. du portugais, par Arthur Morelet. *Lyon, L. Perrin,* 1864, in-4, vél., chiffre en or, papier teinté.

262. Voyage sentimental de Sterne, suivi des lettres d'Yorick à Elisa, traduction nouvelle par Paulin Crassous. *Paris, Didot,* 1801, 3 vol. pet. in-12, papier vélin, d.-rel. v. f. n. rogn.

263. Voyage dans la Russie méridionale et la Crimée, exécuté sous la direction d'Anatole de Demidoff, dessiné d'après nature et lithographié par Raffet. *Paris, s. d.*, in-fol. d.-rel. mar. r.

264. Collection de voyages, trad. de différentes langues orientales, par Langlès et autres. *Paris, de l'imprimerie de Crapelet,* 1797, 5 vol. in-18 et atlas, mar. r. fil. tr. dor. (*Bozérian.*)
Exemplaire en papier vélin, avec les doubles figures, noires, et eaux-fortes.

II. HISTOIRE UNIVERSELLE. — HISTOIRE ANCIENNE.

265. Discours sur l'histoire universelle, par Jacques-Bénigne Bossuet. *Paris, Cramoisy,* 1681, in-4, maroquin rouge jans. tr. dor. (*Capé.*)
Édition originale.

266. Histoire d'Hérodote, traduite du grec par M. Larcher. *Paris, Musier,* 1786, 7 vol. in-4, papier vélin, mar. r. tr. dorée. (*Anc. rel.*)
Bel exemplaire de la Bédoyère.

267. Apologie pour Hérodote, ou Traité de la conformité des merveilles anciennes avec les modernes, par Henri Estienne, avec des remarques par Le Duchat. *La Haye*, 1735, 3 tomes en 2 vol. pet. in-8, maroquin brun. (*Capé.*)

Exemplaire non rogné.

268. Boeckh. Économie politique des Athéniens, trad. par Laligant. *Paris*, 1828, 2 vol. in-8, d.-rel. mar. br. (*Rare.*)

269. Dureau de La Malle. Économie politique des Romains. *Paris*, *Hachette*, 1840, 2 vol. in-8, d.-rel. mar. (*Rare.*)

270. Taciti Opera quæ extant. *Lugd.-Bat.*, *ex officina Elzeviriana*, 1640, 2 vol. in-12, mar. r. fil. tr. dor. (*Duru.*)

Bel exemplaire, grand de marges. Le feuillet 555-557 du tome II n'a pas été atteint par le relieur. Haut. : 133 millim.

271. Les Césars de l'empereur Julien, traduits du grec par le baron de Spanheim. *Amsterdam*, 1728, in-4, grand papier, mar. v. fil. front. de Bernard Picart.

272. Rome au siècle d'Auguste, ou Voyage d'un Gaulois à Rome, par Ch. Dezobry. *Paris*, *Dezobry*, 1846, 4 vol. in-8, figures et cartes, d.-rel. dos et coins de mar. bl. n. rogn. tr. sup. dor. (*Niedrée.*)

273. De la Conqueste de Constantinople, par Geoffroy de Villehardouin. *Paris*, *Renouard*, 1838, in-8, d.-rel. v. f.

III. HISTOIRE DE FRANCE.

274. Topographia Galliæ. *Amsterdam*, *Mérian*, 1660, 2 vol. pet. in-fol. d.-rel. mar. bl.

Ouvrage recherché pour les nombreuses vues en relief des châteaux de France.

275. La Grande Monarchie de France, composée par messire Claude de Seyssel. *Paris*, *Galliot*

Du Pré, s. d., pet. in-8, mar. v. fil. tr. dorée. (*Anc. rel.*)

276. Mémoires historiques et critiques sur l'histoire de France, par François-Eudes de Mezeray. *Amsterdam, J.-F. Bernard*, 1753, 2 tomes en 1 vol. in-12, v. ant. fil. tr. dor. (*Wagner.*)

277. Galanteries des rois de France, par Henri Sauval. *Suivant la copie imprimée à Paris* (*Hollande*), 1738, 2 vol. pet. in-8, mar. r. fil. tr. dor. *Front. gravé et fig. de Bernard Picart.*

278. Traité de la politique de la France (par Paul Hay, marquis du Chastelet). *Cologne, Pierre Du Marteau*, 1677 (*Hollande, Elzevir*), in-12, vélin.

Rare. *V. Pieters*, 343.

279. Collection des Mémoires relatifs à l'histoire de France, par Guizot. *Paris, Brière*, 1823, 31 vol. in-8, d.-rel. v. f.

Bel exemplaire en papier vélin.

280. Histoire de France, par les écrivains contemporains, publiée par Paulin Paris et Edouard Mennechet. *Paris, Techener, s. d.*, 2 vol. in-8, d.-rel. mar. r.

Ces deux volumes contiennent : Histoire de l'Estat de France sous François II, par Regnier, sieur de la Planche.

281. Histoire ecclésiastique des Francs, par Grégoire, évêque de Tours, trad. par Guadet et Taranne. *Paris, Renouard*, 1836, 4 vol. in-8, d.-rel. v. f.

282. OEuvres de Jean, sire de Joinville, comprenant l'histoire de saint Louis, le Credo et la lettre à Louis X. *Paris, A. Leclère*, 1867, gr. in-8, d.-rel. d. et c. de mar. r. n. rogn. tr. sup. dor. (*David.*)

Exemplaire en grand papier vergé, figure coloriée.

283. Comptes de l'argenterie des rois de France au XIVe siècle. *Paris, Renouard*, 1851, in-8, d.-rel. v. f. (*Rare.*)

284. COMMINES. Les Mémoires. *A Leyde, chez les Elzéviers*, 1648, in-12, maroquin bleu, compartiments et rinceaux dorés, sur le dos et sur les plats les armes de France, dentelle intérieure, tranche dorée. (*Capé*.)

Superbe exemplaire, grand de marges et dont la reliure a été complétement dorée par Marius.

285. Journal inédit du règne de Henri IV, par Pierre de l'Estoile, publié par Halphen. *Paris, Aubry*, 1862, in-8, vélin, armes peintes sur les plats.

286. Mémoires et lettres de Marguerite de Valois, nouvelle édition publiée par Guessard. *Paris, Renouard*, 1842, in-8, d.-rel. v. f.

Ce volume est terminé par la Ruelle mal assortie, dialogue d'amour entre Marguerite de Valois et sa bête de somme.

287. SATYRE MENIPPÉE, de la vertu du Catholicon d'Espagne. *Ratisbonne, Mathias Kerver*, 1709, 3 vol. in-8, figures, mar. r. tr. dor. (*Hardy*.)

Exemplaire auquel on a ajouté 32 portraits.

288. Satyre Menippée, de la vertu du Catholicon d'Espagne et de la tenue des estats de Paris, augmentée d'un commentaire par Ch. Nodier. *Paris, Delangle*, 1824, 2 vol. in-8, figures sur chine, d.-rel. dos et c. de mar. r. n. rogn. (*Thouvenin*.)

Exemplaire en grand papier.

289. Bibliographie des Mazarinades, publiée par Moreau. *Paris*, *Renouard*, 1850, 3 vol. in-8, d.-rel. v. f.

290. Choix de Mazarinades, publié par Moreau. *Paris, Jules Renouard*, 1853, 2 vol. in-8, d.-rel. v. fauve.

291. Nouveau Siècle de Louis XIV, ou Poésies-anecdotes du règne et de la cour de ce prince. *Paris, Buisson*, 1793, 4 vol. in-8, cart. n. rogn.

292. Souvenirs de madame de Caylus, édition avec une introduction et des notes par Ch. Asselineau.

Paris, Techener, 1860, in-12, papier de Hollande, double portrait, d.-rel. dos et coins de mar. bl. n. rog. tr. sup. dor. (*David.*)

293. Les Soupirs de la France esclave qui aspire après la liberté. *Amst.*, 1690, in-4, v.

Un exemplaire de cet ouvrage est cité dans les *Vœux d'un patriote* comme ayant été poussé, par ordre du chancelier Maupeou, jusqu'au prix de cinq cents livres, et étant resté au duc d'Orléans. Celui-ci porte l'estampille du Palais-Royal.

294. La Société française au XVIIe siècle, d'après le Grand Cyrus de Mlle de Scudéry, par V. Cousin. *Paris, Didier*, 1858, 2 vol. in-8, d.-rel. mar. r. n. rogn.

295. Mémoires de Daniel de Cosnac. *Paris, Renouard*, 1852, 2 vol. in-8, d.-rel. v. f. (*Rare.*)

296. Mémoires de Michel de Marolles, abbé de Villeloin, avec des notes historiques et critiques. *Amst.*, 1755, 3 vol. in-12, maroquin fil. tr. dor.

Exemplaire relié sur brochure, avec un grand nombre de portraits ajoutés.

297. Journal et Mémoires du marquis d'Argenson, par E.-J.-B. Rathery. *Paris, Renouard*, 1867, 9 vol. in-8, d.-rel. v. f.

298. Vie privée de Louis XV, ou principaux événements, particularités et anecdotes de son règne (par D'Angerville). *Londres*, 1785, 4 vol. — Les Fastes de Louis XV, pour servir de suite à la Vie privée. *Villefranche*, 1783, 2 vol. — Ensemble 6 vol. in-12, portraits, d.-rel. mar. orange, n. rogn. tr. sup. dorée.

299. Journal historique et anecdotique du règne de Louis XV, par Barbier, publié par la Société de l'histoire de France. *Paris, Renouard*, 1847, 4 vol. in-8, d.-rel. v. f.

300. La Chronique scandaleuse, ou mémoires pour servir à l'histoire de la génération présente (par Guill. Imbert). *Paris*, 1791, 5 vol. in-12, d.-rel. mar. citr. n. rogn.

301. Collection complète des tableaux de la Révolution Française (par Chamfort, Ginguené, etc.). *Paris*, 1802, 3 vol. gr. in-fol. papier vélin, nombreuses figures, d.-rel. dos et c. de mar. r. non rogn. tr. sup. dorée.

Bel exemplaire.

302. Histoire-Musée de la République française, depuis l'Assemblée des notables jusqu'à l'Empire, par A. Challamel. *Paris, Challamel*, 1842, 2 vol. gr. in-8, figures, d.-rel. dos et c. de mar. r. tr. sup. dor. n. rogn.

Exemplaire auquel on a ajouté : une signature de Louis XVI, des lettres autographes de Calonne, Lameth, Santerre, comte de Brienne, etc.

303. Musée de la Révolution, collection de sujets dessinés par Raffet. *Paris, Perrotin*, 1834, in-8, d.-rel. v. f. *Figures sur chine.*

304. Cléry. Journal de ce qui s'est passé à la tour du Temple pendant la captivité de Louis XVI. *Londres*, 1798, in-8, d.-rel. mar. r.

Édition originale. Portraits anglais de Louis XVI ajoutés.

305. Histoire de Marie-Antoinette, par Edmond et Jules de Goncourt. *Paris, Didot*, 1863, in-12, d.-rel. mar. bl.

306. Histoire de la Révolution française, par J. Michelet. *Paris, Lacroix*, 1869, 6 vol. in-8, br.

Exemplaire en grand papier de Hollande.

307. Histoire de la Révolution française, par M. A. Thiers. *Paris, Furne*, 1861, 10 vol. in-8, d.-rel. dos et coins de mar. br. n. rog. tr. sup. dorée. (*David.*)

Bel exemplaire avec les figures.

308. Histoire du Consulat et de l'Empire, faisant suite à l'Histoire de la Révolution française, par M. A. Thiers. *Paris, Paulin*, 1845, 20 vol. in-8, d.-rel. dos et coins de mar. br. n. rogn. tr. sup. dorée. (*David.*)

Bel exemplaire avec les figures.

309. Mémoires de Vidocq, chef de la police de sûreté. *Paris,* 1828, 4 vol. in-8, d.-rel. mar. br. n. rogn. tr. sup. dorée.

Exemplaire en papier vélin.

310. Mémoires tirés des archives de la police de Paris, par Peuchet. *Paris*, *Levavasseur*, 1838, 6 vol. in-8, d.-rel. mar. r.

311. Mémoires de M. Gisquet, ancien préfet de police, écrits par lui-même. *Paris*, *Marchant,* 1840, 4 vol. in-8, d.-rel. v. f. n. rog. *Papier vélin.*

312. Retraite de Constantine. — Prise de Constantine. — 18 sujets par Raffet. In-fol. d.-rel. mar. r.

313. Journal de l'Expédition aux Portes-de-fer, rédigé par Charles Nodier. *Paris, Impr. roy.*, 1844, gr. in-8, cartonné, figures et vignettes.

Ouvrage tiré à petit nombre, qui n'a pas été mis dans le commerce. Exemplaire du duc de Montmorency.

314. Journées illustrées de la Révolution de 1848. *Paris*, *s. d.*, in-fol. d.-rel. *Figures.*

315. Revue rétrospective, ou Archives secrètes du dernier gouvernement. *Paris*, *Paulin,* 1848, gr. in-8, d.-rel. vél. n. rogné.

Avec les numéros 32 et 33.

316. Les Murailles révolutionnaires, collection complète des proclamations, professions de foi, etc.... depuis 1848. *Paris*, *J. Bry*, 1856, 2 tomes en 1 vol. gr. in-4, d.-rel. mar. tr. sup. dorée.

317. Les Antiquitez et Choses plus remarquables de Paris, recueillies par Pierre Bonfons, augmentées par Jacques Du Breuil. *Paris*, *Nicolas Bonfons*, 1608, in-8, maroquin brun, tr. dor. (*Hardy*.)

318. Le Théâtre des antiquitez de Paris, par le R. P. Jacques du Breuil. *Paris*, *P. Chevalier*, 1612, 1 tome en 2 vol. in-4, v. f. fig.

Édition originale. Bel exemplaire.

319. Recherches critiques, historiques et topographiques sur la ville de Paris, par le sieur Jaillot. *Paris, Le Boucher*, 1782, 7 vol. in-8, v. m. plans.

320. Paris au XIIIe siècle, par A. Springer, traduit librement de l'allemand. *Paris, Aubry*, 1860, in-12, cartonné.

321. Plan de Paris de Jacques Gomboust, publié par la Société des bibliophiles français (avec la notice, par M. Le Roux de Lincy). *Paris, Potier*, 1858, in-12, d.-rel. mar., et atlas in-fol. Même reliure.

322. Énigmes des rues de Paris, par Ed. Fournier. *Paris, Dentu*, 1860, in-12, d.-rel. v. f.

323. Chroniques et légendes des rues de Paris, par Edouard Fournier. *Paris, Dentu*, 1864, in-12, broché.

324. Histoire du Pont-Neuf, par Ed. Fournier. *Paris, Dentu*, 1862, 2 vol. in-12, d.-rel. maroq., *photographie*.

325. Le Journal de la comtesse de Sansay, intérieur d'un château normand au XVIe siècle, par le comte de La Ferrière-Percy. *Paris, Aubry*, 1859, pet. in-8, vélin, tr. dor. (*Armes peintes sur le plat de la reliure.*)

IV. HISTOIRE ÉTRANGÈRE.

326. La Vie du pape Alexandre VI et de son fils César Borgia, contenant les guerres de Charles VIII et Louis XII; par A. Gordon, trad. de l'anglois. *Amsterdam, P. Mortier*, 1738, 2 vol. in-12, portrait, d.-rel. mar. r. tr. sup. dorée, n. rogn.

327. La Vie de César Borgia, appellé depuis le duc de Valentinois, descrite par Thomas Thomasi, trad. de l'italien. *Imprimée à Montechiaro, chez*

Jean-Bapt. Vero, 1671, in-12, mar. r. fil. tr. dor. (*David.*)

Bel exemplaire, auquel on a ajouté quelques gravures anciennes.

328. Conjuration des Espagnols contre Venise en 1618, par l'abbé de Saint-Réal. *Paris, de l'impr. de Monsieur,* 1781, in-12, papier fin, maroquin rouge. (*Derome.*)

329. Histoire des révolutions de Pologne, par l'abbé Desfontaines. *Amsterdam, F. L'Honoré,* 1735, 2 vol. in-12, v. f. (*Aux armes de Talleyrand Périgord.*)

330. D'Herbelot. Bibliothèque orientale. *La Haye,* 1777, 4 vol. in-4, d.-rel. mar. br. non rogn. tr. sup. dorée, portrait.

Bel exemplaire, avec le complément.

V. ARCHÉOLOGIE.

331. La Science des médailles (par Jobert). *Paris, de Bure,* 1739, 2 vol. in-12, mar. r. fil. tr. dorée, figures. (*Bozérian.*)

332. Athènes, décrite et dessinée par Ernest Breton. *Paris, Gide,* 1862, gr. in-8, figures, d.-rel. dos et coins de mar. br. n. rogn. tr. sup. dor. (*David.*)

333. Pompéia, décrite et dessinée par E. Breton, suivie d'une notice sur Herculanum. *Paris, Gide,* 1855, gr. in-8, d.-rel. mar. br. tr. sup. dor. n. rogn.

334. Sabine, ou Matinée d'une dame romaine à sa toilette, à la fin du premier siècle de l'Ère chrétienne, trad. de l'allemand de Boettiger. *Paris, Maradan,* 1813, in-8, d.-rel. mar. br. n. rogn. figures.

VI. HISTOIRE LITTÉRAIRE; PALÉOGRAPHIE; BLASON.

335. Recherches sur les sources antiques de la Littérature française, par J. Berger de Xivrey. *Paris, Crapelet*, 1829, in-8, grand papier vélin, d.-rel. v. ant. (*Bauzonnet.*)

Exemplaire de Pieters.

336. Précieux et Précieuses, caractères et mœurs littéraires du XVIIe siècle, par Ch.-L. Livet. *Paris, Didier*, 1859, in-8, d.-rel. mar.

337. Relation contenant l'histoire de l'Académie française (par Pellisson); seconde édition. *Jouxte la copie imprimée à Paris chez Augustin Courbé* (*Hollande, Elzévir*), 1671, in-12, mar. bl. jans. tr. dor. (*Duru.*)

Édition remarquable par sa belle typographie. Elle est très-rare. Hauteur : 133 millim.

338. Mémoires de littérature (par Sallengre). *La Haye*, 1715, 2 vol. in-12. — Continuation des Mémoires de littérature (par le P. Desmolets). *Paris*, 1726, 11 vol. in-12. — Ensemble 13 vol. in-12, v. f.

Les Mémoires de Sallengre sont en grand papier.

339. Nouveaux Mémoires d'histoire, de critique et de littérature, par M. l'abbé d'Artigny. *Paris, de Bure l'aîné*, 1749, 7 vol. in-12, v. f. fil.

340. Récréations historiques, critiques et morales, avec l'histoire des fous en titre d'office (par Dreux du Radier). *La Haye*, 1768, 2 vol. in-12, d.-rel. dos et coins mar. r. n. rogn.

341. Journal historique, ou Mémoires critiques et littéraires, par Collé. *Paris*, 1805-1807, 3 vol. in-8, d.-rel. dos et c. de veau fauve.

342. Histoire des Livres populaires, ou de la Littérature du colportage depuis le XVe siècle, par Ch.

Nisard. *Paris*, *Amyot*, 1854, 2 vol. in-8, d.-rel. mar. n. rogn.

Exemplaire sur papier vélin, figures sur chine.

343. Le Vieux neuf. Histoire ancienne des découvertes modernes, par Edouard Fournier. *Paris*, *Dentu*, 1859, 2 vol. in-12, d.-rel. v. f.

344. Éléments de Paléographie, par Natalis de Wailly. *Paris*, *Imprimerie royale*, 1838, 2 vol. gr. in-4, cart. n. rog. fig.

345. Nouvelle Méthode raisonnée du blason, ou de l'Art héraldique, du P. Menestrier. *Lyon*, *P. Bruyset-Ponthus*, 1770, in-8, figures, mar. r. jans. tr. dor. (*David*.)

Très-bel exemplaire.

VII. BIOGRAPHIE.

346. OEuvres de Brantôme, nouvelle édition, accompagnée de remarques. *La Haye*, 1740, 15 vol. pet. in-12, mar. r. fil. tr. dor. (*David*.)

Très-bel exemplaire.

347. Les Hommes illustres qui ont paru en France pendant ce siècle, avec leurs portraits au naturel, par Perrault. *Paris*, *Ant. Dezallier*, 1696, 2 vol. in-fol., maroquin rouge, filets, tr. dor. (*Petit*.)

Très-bel exemplaire en grand papier; superbes épreuves. Les portraits d'Arnauld et de Pascal s'y trouvent avec ceux de Thomassin et de Du Cange.

348. Victor Cousin. Etudes sur les femmes du XVIIe siècle : Madame de Sablé; — Madame de Hautefort; Jeunesse de Madame de Longueville; — Madame de Chevreuse, etc. — 6 vol. in-8, d.-rel. mar. portr.

349. La Vie de Monsieur l'abbé de Choisy. *A Lausanne*, 1742, in-8, v. f. fil.

350. Histoire de Louis Mandrin, depuis sa naissance jusqu'à sa mort, avec un détail de ses cruautés

et de son supplice. *Amst.*, 1756, in-12, vélin, portrait.

351. Mémoires de Jacques Casanova de Seingalt, écrits par lui-même. *Bruxelles*, *Rozez*, 1863, 6 vol. in-12, d.-rel. v. f.

352. Mémoires de Frédéric, baron de Trenck. *Strasbourg*, *Treuttel*, 1789, 3 vol. in-8, portrait et figures, d.-rel. dos et coins de mar. v. tr. sup. dorée. (*Niedrée.*)

Exemplaire en papier de Hollande, non rogné.

VIII. BIBLIOGRAPHIE.

353. Philobiblion. Excellent traité de l'amour des livres, par Richard de Bury, trad. par H. Cocheris. *Paris*, *Aubry*, 1856, in-12, cartonné, non rogné.

354. Bibliothèque curieuse et instructive de divers ouvrages anciens et modernes de littérature et des arts (par le Père Menestrier). *A Trévoux*, 1704, 2 vol. in-12, v. f. fil. tr. dor.

355. Conseils pour former une bibliothèque peu nombreuse, mais choisie (par Formey). *Berlin*, 1756, in-12, v. m.

356. La Chasse aux bibliographes et antiquaires malavisés, par un des élèves de M. l'abbé Rive (l'abbé Rive lui-même). *Londres*, 1789, 2 part. en 1 vol. in-8, bas.

357. Manuel du libraire et de l'amateur de livres, par J.-Ch. Brunet. *Paris*, *F. Didot*, 1860, 6 tomes en 12 parties in-8, br. et cahier supplémentaire.

358. Manuel du bibliophile, ou Traité du choix des livres, par Gabr. Peignot. *Dijon*, 1823, 2 vol. in-8, d.-rel. mar. n. rogn.

359. Nouveau Manuel de bibliographie universelle, par Ferdinand Denis, Pinçon et de Brotonne. *Paris*, *Roret*, 1857, gr. in-8, d.-rel. mar. r.

360. La Librairie de Jean, duc de Berry, au château de Mehun-sur-Yèvre, publiée par Hiver de Beauvoir. *Paris*, *Aubry*, 1860, pet. in-8, vélin.

L'un des exemplaires sur papier chamois.

361. Livres du boudoir de Marie-Antoinette, catalogue authentique et original, publié par L. Lacour. *Paris*, *Gay*, *s. d.*, in-12, d.-rel. v. f. — Bibliothèque de la reine Marie-Antoinette au Petit-Trianon, catalogue avec des notes du marquis de Paulmy, publié par Paul Lacroix. *Paris*, *Gay*, 1863, in-12, d.-rel. v. f.

SUPPLÉMENT.

---

362. Recherches curieuses sur la diversité des langues et religions, par Ed. Brerewood, et mises en françois par J. de la Montagne. *Paris*, *O. de Varennes*, 1640, pet. in-8, mar. v. fil. tr. dor. (*Anc. rel.*)

Exemplaire de M. Yemeniz.

363. Idées sur la philosophie et l'histoire de l'humanité, par Herder, trad. par Edg. Quinet. *Paris*, 1827, 3 vol. in-8, d.-rel. v. bl.

364. Apollonius de Tyane, ouvr. trad. du grec (de Philostrate), par A. Chassang. *Paris*, *Didier*, 1862, in-8, d.-rel. mar. bl.

365. Essais de Montaigne. *Paris*, *Desoer*, 1818, 4 vol. pet. in-12, d.-rel. d. et c. de mar. br. tr. sup. dor. n. rogn. (*David.*)

366. Essais de Michel de Montaigne, avec les notes de tous les commentateurs ; édition publiée par J.-V. Le Clerc. *Paris*, *Lefèvre*, 1826, 5 vol. in-8, pap. collé, d.-rel. mar. v. n. rogn. tr. sup. dor. (*David.*)

De la collection des classiques français.

367. Maximes et réflexions sur l'éducation de la jeunesse, par J. Pic. *Paris*, *v^e S. Mabre-Cramoisy*, 1690, in-8, m. r. fil. tr. dor. (*Du Seuil.*)

Exemplaire de M. Pichon.

368. Maximes et réflexions, par M. de Lévis. *Paris*, *Renouard*, 1812, 2 vol. in-18, n. rogn. d.-rel. mar. *la Vall.*, tr. sup. dor.

369. Ernest Renan. Essais de morale et de critique. *Paris*, *Lévy*, 1860. = Etudes d'histoire religieuse, 1858. = 2 vol. in-8, d.-rel. mar.

370. La Liberté religieuse, par Edouard Laboulaye. *Paris, Charpentier*, 1858, in-12, d.-rel. v. f.

371. De la Démocratie en Amérique, par Alexis de Tocqueville. *Paris*, *Pagnerre*, 1850, 2 vol. in-12, d.-rel. mar.

372. COLLECTION COMPLÈTE DES ÉCONOMISTES. *Paris*, *Guillaumin*, 1846, 15 vol. gr. in-8, d.-rel. mar. v. n. rogn. tr. sup. dor.

373. Histoire de l'administration en France, par Dareste de la Chavanne. *Paris*, *Guillaumin*, 1848, 2 vol. in-8, d.-rel. mar.

374. Histoire financière de la France, par Bailly. *Paris*, *Moutardier*, 1830, 2 vol. in-8, d.-rel. mar.

375. Physiologie du goût, par Brillat-Savarin. *Paris*, *Charpentier*, 1860, in-12, d.-rel. mar. v.

376. Dictionnaire raisonné du mobilier français de l'époque carlovingienne à la Renaissance, par Viollet-le-Duc. *Paris, Bance*, 1858, gr. in-8, d.-rel. mar. figures.

377. Les plus belles Églises du monde, notice par l'abbé Bourassé. *Tours, Mame,* 1857, gr. in-8, figures, d.-rel. mar. v. n. rogn. tr. sup. dor.

378. COLLECTION DE POÉSIES, ROMANS, CHRONIQUES, etc., publiée d'après d'anciens manuscrits et d'après des éditions des XVe et XVIe siècles. *Paris*, *Silvestre* (*de l'imprimerie de Crapelet*), 1838-58, 24 vol. gr. in-16, figures sur bois, papier vergé, d.-rel. mar. v. n. rogn. tr. sup. dor. (*Petit.*)

Imprimé en caractères gothiques. Bel exemplaire.

379. Poëtes français. *De l'imprimerie de Didot j*ⁿ. *Paris, Déterville*, 1800, 12 vol. in-12, pap. vél., d.-rel. mar. r. n. rogn. tr. sup dor. (*David.*)

Cette collection comprend les chefs-d'œuvre de Mairet, Duryer, Rotrou, Desmarets, Malherbe, Racan, Boileau, Corneille, Racine, la Fontaine.

380. CONTES ET NOUVELLES EN VERS, par Jean de la Fontaine. *Paris, Didot,* 1795, 2 vol. in-12, figures de Moreau avant la lettre, mar. v. doublé de maroquin citron, dent. n. rogn.

L'un des deux exemplaires imprimés sur vélin.

381. OEuvres de J.-B. Poquelin de Molière. *Paris, P. Didot, an VII*, 8 vol. in-12, pap. vél. d.-rel. d. et c. de mar. r. n. rogn. tr. sup. dorée.

382. Histoire de la vie et des ouvrages de Molière, par M. J. Taschereau. *Paris, Hetzel,* 1844, in-12, d.-rel. v. f.

383. FAUST, tragédie de Goethe, illustrations par Delacroix. In-fol., en feuilles.

Premières épreuves, à l'adresse de Ch. Motte.

384. L'Histoire et plaisante Cronicque du Petit Jehan de Saintré, publiée par J.-Marie Guichard. *Paris, Ch. Gosselin*, 1843, in-12, d.-rel. v. f.

385. VOYAGE autour de mon jardin, par M. Alphonse Karr. *Paris, L. Curmer,* 1851, gr. in-fol. d.-rel. d. et c. de mar. r., doubles figures noires et coloriées.

Exemplaire sur papier de Chine.

386. Les Mille et une Nuits, contes arabes, trad. en français par Galland. *Paris, Galliot*, 1822, 6 vol. in-8, d.-rel. mar., figures sur chine.

Exemplaire en grand papier.

387. Lettres et nouvelles lettres de Marguerite d'Angoulême, sœur de Francois Iᵉʳ, reine de Navarre, publiées par Génin. *Paris, Jules Renouard*, 1841, 2 vol. in-8, d.-rel. v. f.

388. Marguerite d'Angoulême, son livre de dépenses; études sur ses dernières années, par le comte H. de la Ferrière-Percy. *Paris*, *A. Aubry*, 1862, pet. in-8, papier vergé vélin, titre orné.

389. Correspondance de madame la duchesse d'Orléans, et lettres inédites. *Paris*, 1857, 3 vol. in-12, d.-rel. v. gr.

390. Lettres de mademoiselle Aïssé à madame Calandrini, publ. par Ravenel. *Paris*, *Dentu*, 1853, in-12, d.-rel. v.

391. Lettres et nouvelles lettres de mademoiselle de Lespinasse. *Paris*, *Collin*, 1809-20, 3 vol. in-8, d.-rel. v. f.

392. OEuvres de Louis XIV. *Paris*, *Treuttel*, 1806, 6 vol. in-8, d.-rel. mar. r. non rogn. tr. sup. dor.
Bel exemplaire.

393. OEuvres de Fontenelle. *Paris*, *Belin*, 1818, 3 vol. in-8, d.-rel. dos de v. f.

394. OEuvres du prince de Ligne, précédées d'une introduction par Albert Lacroix. *Bruxelles*, 1860, 5 vol. in-8, d.-rel. mar. br. n. rogn. tr. sup. dor.

395. OEuvres de la marquise de Lambert. *Lausanne*, *M.-M. Bousquet*, 1751, in-12, d.-rel. mar. n. rogn.

396. J.-J. Rousseau. OEuvres inédites. *Paris*, 1825, 2 vol. — Lettres inédites. 1861. — Vie de J.-J. Rousseau, par Musset-Pathay. 1825, in-8. — J.-J. Rousseau, ses amis et ses ennemis. 1865, 2 vol. — Ensemble 7 vol. in-8, d.-rel. dos et c. de mar. r. n. rogn. tr. sup. dor.

397. Chateaubriand et son groupe littéraire sous l'Empire, par C.-A. Sainte-Beuve. *Paris*, *Garnier frères*, 1861, 2 vol. in-8, d.-rel. mar. r.

398. OEuvres de Villemain. *Paris*, *Didier*, 1856, 7 vol. in-8, d.-rel. mar. v.

399. OEuvres complètes de Xavier de Maistre, édition illustrée pour la première fois, précédée d'une

notice par M. Sainte-Beuve, vignettes dessinées par Staal. *Paris*, *Garnier*, *s. d.*, gr. in-8, fig., d.-rel. mar. v. n. rogn. tr. sup. dor.

400. OEUVRES d'Alfred de Musset. *Paris*, *Charpentier*, 1867, 10 vol. in-16, cart. n. rogn., *photographies.*

Exemplaire sur papier de Chine.

401. Curiosités historiques, ou recueil de pièces utiles à l'histoire de France et qui n'ont jamais paru. *Amsterdam*, *Vente*, 1769, 2 t. en 1 vol. in-12, d.-rel. n. rogn.

402. Mémoires de Philippe de Commynes, publ. par Mlle Dupont. *Paris*, *Renouard*, 1840, 3 vol. in-8, d.-rel. v. f.

403. HISTOIRE du cardinal duc de Richelieu, par Aubery. *Cologne*, *Pierre du Marteau*, *à la Sphère*, 1666, 2 vol. — Mémoires pour l'histoire du cardinal duc de Richelieu, par Aubery. 1667, 5 vol. — Histoire du ministère du duc de Richelieu. *Amst.*, *Wolfganck*, 1664, 3 vol. — Journal du duc de Richelieu. *Amst.*, 1664. — Ensemble 11 vol. pet. in-12, d.-rel. dos et c. de mar. r. (*David.*)

404. Le Journal des choses mémorables qui se sont passées au dernier siége de la Rochelle, par Pierre Meruault. *Rouen*, *J. Lucas*, 1671, 2 part. en 1 vol. in-12, d.-rel. mar. v.

405. Mémoires de Fléchier sur les Grands-Jours d'Auvergne, précédés d'une notice par Sainte-Beuve. *Paris*, *Hachette*, 1856, in-8, d.-rel. mar. bl.

406. L'Ancien Régime et la Révolution, par Alexis de Tocqueville. *Paris*, *M. Lévy*, 1857, in-8, d.-rel.

407. Mémoires de madame Roland, publiés par M. Dauban. *Paris*, *Plon*, 1864, in-8, d.-rel. mar. — Etude sur madame Roland et son temps, par Dauban. *Paris*, *Plon*, 1864, in-8, d.-rel. mar.

408. Politique libérale, ou fragments pour servir de défense à la Révolution française, par Ch. de Rémusat. *Paris*, *M. Lévy*, 1860, in-8, d.-rel. v. f.

409. Mémorial de Sainte-Hélène, par le cómte de Las-Cases. *Paris*, *E. Bourdin*, 1842, 2 vol. gr. in-8, figures d'après Charlet, cart. n. rogné.

Exemplaire sur papier de Chine.

410. De l'Origine et des débuts de l'imprimerie en Europe, par Aug. Bernard. *Paris*, 1853, 2 vol. in-8, d.-rel. mar. br. n. rogn. tr. sup. dorée.

411. Estienne Dolet, sa vie, ses œuvres, son martyre, par Joseph Boulmier. *Paris*, *A. Aubry*, 1857, in-12, vélin, n. rogn. portrait sur chine.

L'un des 50 exemplaires sur papier vergé.

412. Dictionnaire critique, littéraire et bibliographique des livres condamnés au feu, par G. Peignot. *Paris*, *Renouard*, 1806, 2 vol. in-8, d.-rel. d. et c. de mar. r. n. rogn. tr. sup. dor. (*David.*)

On a ajouté à cet exemplaire le catalogue des livres condamnés. 1836.

FIN.

TABLE DES DIVISIONS.

FIN DE LA TABLE DES DIVISIONS.

www.ingramcontent.com/pod-product-compliance
Lightning Source LLC
LaVergne TN
LVHW010000230826
846092LV00002B/579